本书受到"北京大学国家发展研究院腾讯基金"资助

北京大学国家发展研究院智库丛书
主编 黄益平

互联网金融时代中国个人征信体系建设研究

The Development of China's Personal Credit Reporting System in the Internet Finance Era

黄卓 等著

中国社会科学出版社

图书在版编目(CIP)数据

互联网金融时代中国个人征信体系建设研究/黄卓等著.—北京:中国社会科学出版社,2018.6

(北京大学国家发展研究院智库丛书)

ISBN 978 - 7 - 5203 - 2587 - 5

Ⅰ.①互… Ⅱ.①黄… Ⅲ.①信用制度—研究—中国 Ⅳ.①F832.4

中国版本图书馆 CIP 数据核字(2018)第 101296 号

出 版 人	赵剑英
责任编辑	王 茵
特约编辑	黄 晗
责任校对	周 昊
责任印制	王 超

出　　版	中国社会科学出版社
社　　址	北京鼓楼西大街甲 158 号
邮　　编	100720
网　　址	http://www.csspw.cn
发 行 部	010 - 84083685
门 市 部	010 - 84029450
经　　销	新华书店及其他书店
印　　刷	北京君升印刷有限公司
装　　订	廊坊市广阳区广增装订厂
版　　次	2018 年 6 月第 1 版
印　　次	2018 年 6 月第 1 次印刷
开　　本	710×1000　1/16
印　　张	15
插　　页	2
字　　数	168 千字
定　　价	65.00 元

凡购买中国社会科学出版社图书,如有质量问题请与本社营销中心联系调换

电话:010 - 84083683

版权所有　侵权必究

目　　录

导　言 …………………………………………………………（1）

第一章　征信的经济学分析 ………………………………（3）
　一　征信体系有助于降低金融借贷中的信息不对称 ………（3）
　二　征信体系在经济和金融体系中的作用 …………………（5）
　　（一）降低借贷成本，服务普惠金融发展 ………………（5）
　　（二）化解金融风险，维护金融系统稳定 ………………（6）
　　（三）扩大信贷规模，提高金融市场效率 ………………（8）

第二章　中国个人征信体系的发展和现状 ………………（9）
　一　中国征信业与个人征信体系 ……………………………（9）
　　（一）中国征信业概述 ………………………………………（10）
　　（二）中国个人征信发展历程 ………………………………（11）
　　（三）中国个人征信的监管体系 ……………………………（16）
　二　中国人民银行征信中心个人征信系统 …………………（22）
　　（一）个人征信系统的建设历程 ……………………………（22）
　　（二）个人征信系统的信息采集和使用情况 ………………（24）

（三）个人征信产品体系 …………………………………（33）

第三章　互联网金融与中国个人征信体系发展 …………（40）
一　中国互联网金融发展现状 …………………………………（40）
　　（一）发展历程 ……………………………………………（40）
　　（二）主要成就 ……………………………………………（41）
二　互联网金融时代个人征信发展的挑战与机遇 ……………（45）
　　（一）传统征信不能满足互联网金融发展的需求 ………（45）
　　（二）互联网金融发展为个人征信带来新的机遇 ………（48）
三　中国人民银行征信中心应对互联网金融发展的新动向 …（52）
　　（一）推广征信应用增值产品 ……………………………（53）
　　（二）接入更多新型的金融机构 …………………………（54）
　　（三）建设网络金融征信系统 ……………………………（55）
　　（四）加强助推小微企业的征信服务 ……………………（55）
四　民营个人征信的发展 ………………………………………（56）
　　（一）个人征信市场化背景 ………………………………（56）
　　（二）八家民营征信机构业务特点 ………………………（58）

第三章附录：首批八家民营个人征信机构简介 ………………（68）

第四章　发达国家个人征信体系发展模式和经验 ……………（90）
一　发达国家的征信体系发展 …………………………………（90）
　　（一）发达国家征信体系发展历程 ………………………（90）
　　（二）发达国家运行模式 …………………………………（91）

二　美国征信行业简介 …………………………………………(94)
　　（一）美国征信体系的发展历程 ……………………………(94)
　　（二）美国个人及小企业征信业介绍 ………………………(97)
三　其他国家征信行业介绍 …………………………………(128)
　　（一）法国 ……………………………………………………(128)
　　（二）德国 ……………………………………………………(129)
　　（三）日本 ……………………………………………………(132)
四　互联网背景下国外征信行业的变革 ……………………(135)
　　（一）传统征信机构的变革 …………………………………(135)
　　（二）互联网时代新兴征信公司 ……………………………(140)
　　（三）互联网时代国外监管立法体系的改变 ………………(150)
五　全球征信体系发展对中国的启示 ………………………(152)
　　（一）市场竞争 ………………………………………………(152)
　　（二）完善监管体系和法律 …………………………………(155)
　　（三）数据保护与报送标准 …………………………………(158)
　　（四）深化征信服务 …………………………………………(160)

第五章　反欺诈与个人征信 ………………………………(164)
一　传统金融欺诈概述 ………………………………………(165)
　　（一）金融欺诈定义 …………………………………………(165)
　　（二）金融欺诈类型 …………………………………………(165)
　　（三）传统反欺诈技术 ………………………………………(165)
二　互联网时代反欺诈领域面临的新挑战 …………………(166)

（一）互联网金融欺诈特性 ………………………………… (167)
　　（二）互联网金融新型欺诈 ………………………………… (168)
　　（三）互联网带来的反欺诈技术革新 ……………………… (169)
三　发达国家反欺诈业务 ……………………………………… (170)
　　（一）费埃哲（FICO）反欺诈平台 ………………………… (170)
　　（二）Experian 反欺诈系统 ………………………………… (172)
　　（三）新型反欺诈业务 ……………………………………… (173)
四　中国国内反欺诈业务 ……………………………………… (174)
　　（一）独立的反欺诈技术公司 ……………………………… (175)
　　（二）与外资机构合作的业务 ……………………………… (176)
　　（三）机构自营的反欺诈业务 ……………………………… (177)
　　（四）民营企业的反欺诈业务 ……………………………… (178)
　　（五）遗留问题 ……………………………………………… (181)
　　（六）发展建议 ……………………………………………… (182)

第六章　数据保护与个人征信 …………………………………… (184)

一　信息主体权益保护 ………………………………………… (185)
二　当前互联网征信信息保护领域面临的挑战 ……………… (186)
三　发达国家数据保护现状 …………………………………… (187)
　　（一）立法监管 ……………………………………………… (187)
　　（二）企业实践 ……………………………………………… (195)
四　中国国内数据保护现状 …………………………………… (196)
　　（一）法律监管 ……………………………………………… (196)

（二）企业实践 …………………………………………（198）
　五　发展建议 ………………………………………………（199）
　　（一）建立完善的法律体系 ………………………………（199）
　　（二）建立统一的监管机构 ………………………………（200）
　　（三）提升数据信息主体对个人信息数据保护的意识 …（200）

第七章　中国个人征信体系建设的展望与建议 ……………（202）
　一　中国个人征信体系未来发展趋势和展望 ………………（202）
　　（一）多层次征信体系逐渐形成 …………………………（202）
　　（二）"互联网+征信"助力中国征信业发展，
　　　　　有望弯道超车 ………………………………………（205）
　　（三）个人征信体系和互联网金融场景进一步结合 ……（207）
　　（四）民营征信和互联网征信存在的潜在问题和风险 …（211）
　二　中国个人征信体系发展的政策建议 ……………………（215）
　　（一）加快推动征信业市场化进程，支持普惠金融
　　　　　发展 ……………………………………………………（215）
　　（二）加强征信业的监管，完善社会信用体系 …………（217）
　　（三）统一数据标准、建立全面的信息共享机制 ………（220）
　　（四）数据安全和信息主体权益保护 ……………………（221）
　　（五）加快征信业的技术创新、人才培养和征信教育 …（222）

参考文献 …………………………………………………………（224）

导　言

互联网科技的发展带动了互联网金融模式的快速扩张，网络支付、网络借贷、互联网理财和网络众筹等金融业务新模式为资金的流动提供了新的渠道，成为传统金融体系的有效补充。然而，信息不对称问题在依托互联网的金融模式下显得尤为重要，信息不足导致的金融失信、恶性欺诈等事件的不断出现，成为制约互联网金融发展的瓶颈。

完善征信体制是解决互联网金融所面临信息不对称问题的重要着力点。由于互联网金融与传统金融在业务体量和触达人群上的巨大差异，因此原来服务于传统金融的征信体系无法满足互联网金融对于征信的需求。而"互联网+"和数字技术的进步，为解决互联网征信问题提供了恰当的时机。新一代个人征信体系的建立，强化了传统金融和新型互联网金融的征信基础，为金融的健康发展和高效运行提供了基础支持。

本书从中国现有的个人征信体系出发，分析互联网金融时代背景下中国个人征信市场的发展问题和机遇，深入探讨如何建立兼顾效率和普惠性，同时能够满足互联网金融发展需求的新一代个人征信体系。全书分为七个部分。第一章是征信的经济学分析和梳理征信体系在经济金融体系中的作用。第二章介绍中国个人征信体系的发展历程和现有格局，重点介绍中国人民银行征信中心个人征信系统的工作机制、产品体系和最新动向。第三章分析互联网金融时代传统个人征信体系的不足，以及新一代个人征信体系面临的机遇。同时介绍首批获得央行批准，开展个人征信准备工作的八家民营征信机构的业务特点和合作情况。第四章梳理了国外征信体系的发展历史、现有结构和互联网背景下的变革情况。重点介绍美国、法国、德国、日本等几个发达国家的个人征信体系，并给出国外征信体系发展对中国的启示借鉴。第五章和第六章分别讨论征信中的反欺诈和数据保护问题。第七章分析了中国个人征信市场未来的发展趋势，同时给出新一代个人征信体系建设的政策建议。

第一章

征信的经济学分析[*]

◇ 一 征信体系有助于降低金融借贷中的信息不对称

在金融借贷业务中,由于信息不对称,投资人面临借款人不能按时偿本付息的风险。信贷风险的大小主要受两种类型的信息不对称影响,一种是逆向选择(Adverse Selection),另一种是道德风险(Moral Hazard)。逆向选择是指投资人在借贷前对借款人的信用和财务状况缺乏足够的了解,是一种事前的信息不对称。道德风险是指投资人在借贷后难以监督借款人的经营行为和偿还欠款的努力程度,是一种事后的信息不对称。这两种事前和事后的信息不对称会加大信贷风险,从而推高市场利率。征信体系则是通过信用信息的共享,降低信贷业务中逆向选择和道德风险发生的概率,减少借贷双方的信息不对称。

---

* 本书系中国金融四十人论坛委托课题"互联网金融时代中国个人征信体系建设研究"的研究成果。课题组成员还包括高丽烨、林大卫、雷阳、梁方、邱晗、王璐颖、詹诗云、周伊敏(姓氏拼音排序)。

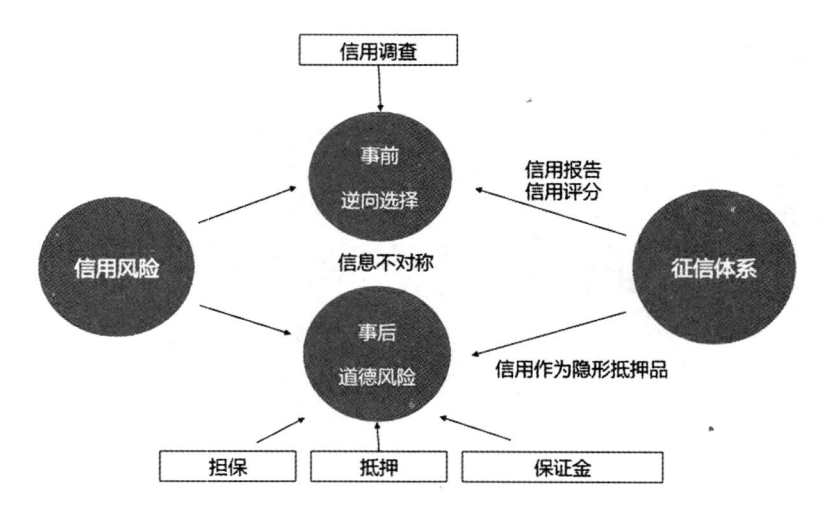

图1-1 征信体系是管理信用风险的重要工具

图表来源：Huang Z, Lei Y, Shen S, China's Personal Credit Reporting System in the Internet Finance Era: Challenges and Opportunities. *China Economic Journal*, Vol.9, No.3, 2016, pp.288-303。

征信通过事前提供借款人信息、事后完善借款人评级，将信贷活动从单次博弈变成重复博弈，有效降低信息不对称。具体而言：

首先，对于贷前的逆向选择问题，征信体系提供借款人的信用历史和履约状况等各种信息，帮助提供贷款服务的金融机构降低贷前的信息不对称程度，避免逆向选择问题的发生。

其次，对于贷后的道德风险问题，征信体系会将违约情况及时纳入征信信息，并及时调整借款人的信用评级。不良贷款的记录将会很大程度提高借款人后续的融资成本，因此征信体系的建立与完善将有效约束借款人行为。

总的来说，征信体系可以增强对借款人的纪律约束，降低借款人的违约概率，避免逆向选择和道德风险的发生。

◇◇ 二 征信体系在经济和金融体系中的作用

目前，世界各国征信体系主要分为市场主导型征信体系、政府主导型征信体系、混合型征信体系和会员制征信体系四种，不同种类的征信体系对经济和金融的作用各异。市场主导型征信体系通过激烈的市场竞争，有效保障消费者权益。政府主导型征信体系利用高质量的数据，更精准地帮助监管部门预测风险。混合型征信体系兼具市场主导型征信体系和政府主导型征信体系的优势，为消费者提供高质量、安全的服务。会员制征信体系树立行业自律的原则，减轻政府的监管负担。

从世界各国征信业发展经验总结，一个有效的征信体系有利于降低借贷成本、化解金融风险以及扩大信贷规模，从而促进普惠金融的发展，维护市场稳定提升市场效率。具体而言：

（一）降低借贷成本，服务普惠金融发展

征信体系是降低信息不对称和管理信贷风险的重要工具，有利于降低借贷成本、促进普惠金融。根据联合国2005年国际小额信贷年上的定义，"普惠金融"（Financial Inclusion）是指能有效、全方位地为社会各个阶层和群体提供服务的金融体系。普惠金融的服务对象是传统金融机构未能有效服务的中低收入阶层和小微企业。然

而这部分人群大多在传统征信体系之外，信息不对称给机构带来的风险推高了这部分人借款的利率，从而导致这部分人群融资成本过高。而征信体系通过降低借贷双方交易成本，帮助贷款机构实现有效风控，有利于促进普惠金融的发展。

完善的征信体系通过降低借贷双方的信息不对称，节约交易成本，提高交易效率。征信体系通过降低借款人的借款成本，使更多优质借款人以更低的利率融资，特别是增加了一些中小企业的贷款机会与贷款额度。在征信系统允许私人注册和年轻企业可以从公共注册受益的国家，中小企业可以获得更高比例的银行贷款[1]。

同样地，完善的征信体系也能够帮助贷款机构进行有效风控，从而提高业务运行的效率。与传统的尽职调查式的征信方式相比，机构直接利用征信体系可以降低成本。从整个行业的角度而言，征信体系是一种低成本、高效的信用信息共享模式，对于促进借贷业务的扩展，特别是普惠金融的推进尤为重要。

（二）化解金融风险，维护金融系统稳定

1. 约束借款人行为，防范信用风险

征信体系通过提供信用报告和信用评分，能够有效地约束借款人行为，帮助投资者防范信用风险，进行风险管理。

研究表明，征信体系的建立与完善有利于降低银行不良贷款

---

[1] Love, I, Mylenko N, "Credit Reporting and Financing Constraints", *World Bank Policy Research Working Paper*, No. 3142, October 2003.

率，这表明征信体系有助于防范金融风险。私人和公共信用机构的设立显著地抑制了不良贷款率的增加[①]。良好的信用测度是管理信用风险的重要工具，与借款人的信用申请表中的信息相比，含有借款人的信用历史和履约状况等各种信息的信用报告和信用评分能够更全面地描述借款人的信用状况，有效地甄别贷款的风险。因此，许多信用信息系统运行良好的国家都控制着很低的不良贷款率。

2. 服务金融监管，降低系统性风险

建立征信体系，通过收集与分析征信主体的信用信息，可以为完善金融监管、降低系统性风险提供重要参考依据。通常情况下，金融机构建立投资组合模型来评估贷款风险，结合借款人的信用信息之后，就可以对此模型进行修正，提高模型评估风险的能力，从而有利于降低系统性风险。研究表明，拥有良好征信体系的国家，其金融机构能够更有效地管理系统性风险和盈利[②]。

此外，征信体系通过提供公开透明的信息共享平台，能够控制可能产生的银行业风险，从而降低金融危机发生的概率，维护经济稳定。现实中，征信体系帮助监管部门对金融机构进行实时监控，从而削弱债权人保护、信贷腐败等因素的消极影响。其中，信贷腐败问题，例如主管信贷审批的高层人员的审批腐败和负责信贷发放的基层人员的支付腐败等，是影响信贷效率的不可忽视的因素。而

---

① 耿得科、张旭昆：《征信系统对银行不良贷款率的抑制作用——基于2004—2008年92个国家面板数据的分析》，《上海经济研究》2011年第7期，第35—44页。

② Houston J, Lin P, Ma Y, "Creditor Rights, Information Sharing, and Bank Risk Taking", *Journal of Financial Economics*, Vol. 96, No. 3, June 2010.

征信机构收集的内容详细、传播范围广、时间跨度长的信用信息有助于监管部门及时发现和处理此类问题。

（三）扩大信贷规模，提高金融市场效率

首先，完善的征信体系有利于降低借贷成本和贷款利率[①]，从而扩大信贷规模，提升金融市场质量[②]。实证研究表明，在信用信息共享程度较高的国家中，信贷规模普遍扩大[③]。

其次，完备的征信体系有利于开展更广泛的金融业务。在征信体系覆盖率越高的国家和地区，通常跨国银行在当地设立的分支机构也越多，这显示征信体系的健全会推动金融活动高效开展。

总的来看，征信体系的健全与完善有助于降低普惠金融主体的借贷成本，帮助金融机构更有效地防范信用风险，降低不良贷款比例，同时鼓励金融机构扩大信贷规模，推动金融活动高效开展，从而提高整个金融市场的运行效率。从宏观上来讲，征信体系是社会信用体系的重要组成部分，完善的征信体系有助于提高社会成员的信用意识，改善整个社会的信用环境，促进金融创新的健康发展。

[①] Jappelli T, Pagano M, "Information Sharing, Lending and Default: Cross-Country Evidence", *Journal of Banking and Finance*, Vol. 26, No. 10, October 2002.

[②] Huang Z, Lei Y, Shen S, "China's Personal Credit Reporting System in the Internet Finance era: Challenges and Opportunities", *China Economic Journal*, Vol. 9, No. 3, Aug 2016.

[③] Djankov S, Mcliesh C, Shleifer A, "Private Credit in 129 Countries." *Journal of Financial Economics*, Vol. 84, No. 2, May 2007.

第二章

中国个人征信体系的发展和现状

◇ 一 中国征信业与个人征信体系

征信是指各类主体围绕着社会个体和组织的信用信息，为了达到一定目标所开展的一系列与信用信息有关的活动。征信产业链主要有三类参与者：信息生产者、征信机构和信息使用者，这三类参与者在产业链结构分布上具有一定的先后顺序，它们依次处于产业链的上、中、下游。征信机构主要的运行模式是从上游采集、加工个人或企业生产的数据，并对下游销售产品。从信用信息的收集和加工，到信用评估与咨询的输出，最终协助客户更好地了解风险和管理信用。一般而言，根据信息收集和服务的对象可以将征信业务分为个人类和企业类。

（一）中国征信业概述

中国征信业发展历史并不长，可以溯及20世纪改革开放后的80年代。1988年2月15日，上海远东资信评级有限公司率先亮相，成为获得中国人民银行批准成立的专业的信用评级公司，该公司由上海社会科学院出资筹备成立并从事全国范围内债券信用评级业务的相关工作，这也代表着中国企业征信事业的起步。

相比之下，中国的个人征信起步时间较晚。1996—2003年才是中国个人征信机构的一个局部试点阶段，直到1999年7月成立的上海资信有限公司才可以算作中国最早从事个人征信服务的一家公司。与此同时，银行信贷登记咨询系统也在同一年实现上线，并在三年后实现了全国联网查询。

2003年至今，中国企业征信和个人征信相比上一个阶段都得到了较大的发展。2003年中国人民银行首次设立征信管理局，并开始在北京、上海、广州等地设立地方性征信机构；2006年年初，中国人民银行在北京依法设立征信中心，赋予该中心专门的职能，领导和协调组织进行全国集中统一的个人信用信息基础数据库的建设工作。2012年12月底，国务院最终通过《征信业管理条例》并认为该条例应当尽快实施，最终该条例于次年的3月中旬正式实施。

目前，中国征信体系以政府为主导，以公共征信服务为主要内容，发展结构有一定的不平衡性。主要表现为企业征信业务起步较早，发展形式和内容较为成熟，而个人征信业务则相对于企业征信而言较为薄弱。因此，本书将分析的重点放在个人征信领域。

(二) 中国个人征信发展历程

中国征信所的成立是中国历史上有记载的最早有关个人征信建设的事件。该所成立于1932年，由当时上海众多银行委托两家代表性银行筹办，旨在通过独立于政府的市场化运作方式，独立提供信用查证业务。该所在之后不到五年的时间内共计发出调查报告3万份。[①] 然而新中国成立以后，中国实施计划经济体制，在这种环境下，单位对个人的信息掌握较为充分，因此社会对建设个人信用并没有迫切需求，中国个人征信建设由此陷入停滞。

个人征信体系的真正建设始于改革开放后的90年代，并且随着经济发展阶段的不同大致可以分为宏观调控、整顿调整、个人征信试点、个人征信体系化和个人征信市场化五个阶段。

1. 宏观调控阶段：20世纪80年代后期至1993年

20世纪80年代末至90年代初期，国内外业务发展需求推动中国个人征信体系开始起步。改革开放以后，面对企业债券发行和管理的巨大需求，中国人民银行批准成立了首家信用评级公司——上海远东资信评级有限公司来解决这一问题。同时，鉴于中国出口为主的国际业务增多，与西方市场经济国家贸易往来日益密切，对外经济贸易部计算中心因此与国际企业征信机构邓白氏公司合作，将

---

① 资料来源：张世卿：《中国企业征信业的发展历史、现状和趋势》，《财经界》2005年第10期。

国内和国外企业的信用报告相互分享，来确保经济贸易往来的顺畅。除此之外，这段时期各类资信评级机构也如雨后春笋般在国内各地纷纷出现。这些机构大多由银行牵头成立，在规模上不大，业务空间上也比较局限，主要是服务对象是企业，通过进行市场的调查，为企业的发债或发股融资提供方案，当然也有面向个人的一些信用调查服务。

总的来看，模仿和探索是这个时期的主题。因为从数据来看，个人征信业务在整体征信结构中占比重很低，个人征信活动并不突出，针对个人的征信机构甚至没有设立，外部的监管、制度也不到位，内部的组织管理标准也不统一。

2. 整顿调整阶段：1993年至1997年亚洲金融危机

首家征信企业的成立和企业贷款证制度的建立是企业征信发展的关键节点。1993年，北京新华信商业风险管理有限责任公司在北京成立，这家公司在企业征信领域可以被视为是首家公司。1996年4月，企业征信体系建设的关键一环——企业贷款证制度，也开始在全国范围推广实施，这是由中国人民银行牵头组织的一项制度性建设。

而在个人征信领域，随着中国宏观调控力度的加强，政府开始重视个人征信工作的建设。以中共十四届五中全会通过的"九五"计划为开始，以个人收入申报制度和储蓄实名制度为起点，此后的历届中央政府、各地方政府都陆续开始对个人信用市场的发展进行相应的干预和规范。而在银行方面，借鉴比较成熟的国际经验，中国的商业银行开始探索使用新的信贷评估方式——内部评级法。

3. 个人征信试点阶段：1997年亚洲金融危机至2005年

亚洲金融危机爆发之后，巨大的破坏力使政府不得不重新重视个人征信体系建设。如何在防范信用风险的同时还能继续有效地加大信贷的投放成为一个关键问题，引发了社会广泛关注和讨论。随着国内首家个人征信公司的建立和国内首份个人信用报告的出台，各部委逐步和中央研究机构推进信用体系建设。具体历程如下。

1999年，中国人民银行出台文件《关于开展个人消费信贷指导意见》（银发〔1999〕73号），个人消费信贷信用登记制度建设工作起步。1999年7月，第一家能够提供个人与企业信用服务并同时进行信用数据库建设相关工作的公司——上海资信有限公司在上海成立。

2000年6月底，随着上海资信有限公司数据库建设的完善，国内首份个人信用报告由该公司出台，该报告的数据基础是第一批纳入该公司个人征信服务系统的一百余万上海普通市民的个人征信数据。此后，类似该资信公司的中介机构也相继在北京、广州等全国各大城市逐步设立并快速发展。

2001年，在国务院批复下，中国人民银行参照上海试点的经验，决定加快进行全国银行的个人信用建设，并以"统一规划、分步实施、先易后难、注重实用"这四个原则作为在全国银行开展和推进个人信用建设的基准。

2002年，国务院尝试以中国人民银行牵头进行新一阶段的征信建设。即以中国人民银行为主导单位，同时联合政府的17个部委和5家国有商业银行联合成立一个专题工作小组，而各个部委也各自独立地进行一些试点业务。

2003年，国务院又出台相关文件，进一步明确了中国人民银行在规范信用业和建设信用体系的主要作用，并设立专门的征信管理局开展专门的信用管理规定。

2004年11月，央行发行了《中国人民银行个人信用信息基础数据库管理暂行办法》，选择八个省份或直辖市进行征信试点工作建设，目标是在2005年年底建立一个全国联网的个人征信系统数据库。

总的来说，这个时期对于征信体系的建设时间表已经拟定，征信研究力度不断加大，众多征信机构接连成立，政府在试点工作中仍发挥着重要作用。

4. 个人征信体系化：2006年至2015年

2006年1月，全国统一的个人征信数据库投入使用标志着中国个人征信体系在硬件方面实现了基础配置。同年3月，金融信息基础数据库（企业和个人的征信系统）成立，并由中国人民银行依法特别成立的征信中心直接负责，进行建设和维护。

征信中心自建立起，在数据采集、征信产品以及增值产品等多个方面推动了中国个人征信领域的发展。首先，在数据采集方面实现了信贷数据的次日更新；其次，在征信产品方面建设了个人信用报告接口查询项目，信用报告单笔和批量自动化查询以及关联批量查询和互联网查询个人信用报告等功能均得以实现；最后，在增值产品方面，征信中心通过与国际知名的费埃哲（FICO）公司签订一系列协议，进行深入研究和合作，并于2013年启动了一项评分模型的项目对个人的信用状况进行测算与评估。

2013年以来,个人征信领域的法律法规建设也正慢慢步上正轨。其中,2013年3月15日颁布的《征信业管理条例》标志着征信行业法律地位从此树立。随后,在2013年年底和2014年年底又分别出台了两部法律规范——《征信机构管理办法》和《征信机构信息安全规范》。前者旨在建立完善的监管体系,并对个人信息主体的合法性进行保护;后者则着重用于规范机构的信息安全,属于行业的标准法规。

总的来看,2006年以来,在央行征信中心的主导下,中国个人征信业务建设得以系统、有序地开展,成就颇多。据统计,截至2015年4月底,该系统在信息主体收集上取得了较大成就,其中涉及自然人数据超过9.26亿,企业及其他组织数据约2371万户。但随着以互联网金融为代表的普惠金融理念的传播,该系统有效覆盖范围小、信息可获得难度高等缺陷开始凸显。在个人征信体系的硬件设施初步建设完成的当下,如何实现对更多人群更有效地覆盖,解决更大范围内信息不对称问题,成为征信中心试水民营征信业务的动机,也成为个人征信领域下一个关注重点。

5. 个人征信市场化:2015年至今

2015年年初,央行出台了相关通知,其举措拟放开民营企业介入个人征信业务的相关限制。根据《关于做好个人征信业务准备工作的通知》,在全国选取了八家机构作为征信试点,这标志着一个新的个人征信市场的开端。

截至2016年10月31日,这八家征信机构虽然经历了三轮验收,但仍未获得个人征信牌照。原因可能是多方面的,比如对目前个人征信数据的准确性并没有统一的评价标准、监管难度高等等。但不管怎样,中国的征信行业市场化进程已经拉开了序幕,尽管初期的速度还是比较缓慢,但发展指日可待。

(三) 中国个人征信的监管体系

信用监管体系的不断建设与逐步完善是征信活动合法有序开展的必要保障和前提。在中国,针对征信业监管的法律法规建设开始较晚,始于2004年中国人民银行的一部管理办法。2004年,中国人民银行选择上海作为全国征信体系试点城市,并由此出台了一部有关个人征信的管理办法《上海市个人信用征信管理试行办法》。有了上海试点的经验基础之后,中国人民银行就开始着手起草全新的征信法规。截至目前,中国征信业主要的相关法规有一个条例、一个办法还有一个规范,即针对行业所发布的《征信业管理条例》、针对机构所发布的《征信机构管理办法》以及针对信息保护所发布的《征信机构信息安全规范》。

1. 征信行业法律地位的确立——《征信业管理条例》

2013年3月,《征信业管理条例》(以下简称《条例》)的正式实施,象征着征信行业也有了独立的法律地位。这一条例共计47条,规范内容涉及机构、业务、数据库以及监管等方方面面。

纵观整部条例,可以看出作为中国第一部在全国范围内统一适用的信用法律,它主要在行业的基础性定义方面做出了重要贡献,从宏观上提供了监管和发展该行业的统领性指导。具体而言：

第一，一个主体三个权力。条例明确了将中国人民银行作为该行业的监管主体，将三个权力赋予征信业，分别是行政许可权、执法检查权、行政处罚权。

第二，采用差异化的市场准入与退出制度，对个人征信和企业征信加以区分对待，分别采取了行政许可的形式和备案形式两种门槛和程序不同的准入制度。前者采用的严格制度是为了保障个人征信业务的安全，通过提高门槛来提升进入该行业企业的整体水平，从而达到高水平、高安全性的征信服务，维护个体的利益。后者则要求比较宽松，其目的在于给予企业征信市场充分竞争的条件，从而增加市场产品的多样性，促进市场发展。

第三，全方位地保护信息主体权益，通过对征信机构在信息的搜寻和使用时应尽的义务进行明确的规定，从而保护以隐私权为代表的共计七项信息主体的基本权利。

第四，制定征信机构业务运行的法律制度，明确了征信机构业务运行时应遵循保存时限原则和目的限制原则。

总体来看，该条例的出台打破了征信业无法可依的现象，从征信机构的设立条件到征信业的监管体制方方面面都做出了详细的规定，是中国征信发展历史上很关键的一步。同时，该条例对于引领建设一个诚信社会、引领征信业市场化发展具有不可磨灭的作用。但作为征信业立法的开端，《条例》的条款较为宏观，细节涉及不足，可操作性也较低，可以说征信业监管体系目前仅仅构建了基本框架，亟待后续法律法规的出台来对其进行完善。

2. 对个人信息主体合法权益的进一步强调——《征信机构管理办法》

另一个强调个人信息主体合法权益的配套政策是《征信机构管理办法》(后文简称《办法》),出台时间稍晚于前一个规范,实施时间为2013年12月20日,从内容和结构上来看分为"总则""机构的设立、变更与终止""高级任职人员管理""监督管理""罚则""附则"几部分,共6章39条。

相较于《条例》,《办法》进一步明确了保护个人信息主体的相关合法权益以及应当建立完善的监管措施。《办法》本着严格审核个人信用机构、宽松审核企业信用评级机构、发展市场与监督管理齐头并进的原则,对机构的治理、风控和信息安全管理有了更为具体的制度性设计。作为对前一个条例的补充和细化,该办法详细规定了征信机构从设立到终止的方方面面。

在保护个人隐私和维护个体权益方面,《办法》遵循了《条例》确定的对待个人和企业不同门槛的原则,并针对个人征信机构设立的条件、管理及退出机制等方面做出了更加细化的规定。具体包括:第一,强调了内控制度的重要性。对于内控标准有明确的规定,要求机构做到组织机构健全、业务操作规范,实现安全、合规的管理,其中,内控制度的信息安全保护等级标准要求是国家级别的二级或二级以上。第二,对于个人征信机构设立分支机构的条件及所需递交的材料、征信机构信息重大变更的申请及变更登记流程做出了规定。第三,结合《条例》中关于信息数据库处理的相关规定,对不同情况下个人征信机构退出市场的流程做出了规定。对流程的详细规定是为了在征信机构终止运行后,尽量减少征信信息的外泄。

除此之外,《办法》进一步细化和完善了针对业务过程的征信机构报告制度和针对全过程的重点监管制度。第一,《办法》在《条例》的基础上进一步细化了提交报告的具体时间、报告内容等方面的要求,以期建立一个严密的报告制度。其中,对于报表、财会报告、审计报告等资料的报送提出严格的规定,对于信息系统的安全性,提出了应当定期开展检查并进行报告的严格要求。第二,《办法》规定中国人民银行应当密切关注征信机构的一些异常状况,适时将其列为重点监管对象,例如机构出现了违法违规行为时、机构出现财务异常状况时等一系列异常情况。这种情况下,中国人民银行有权对其进行特殊监管,要求这类征信机构进行整改,并重新进行业务情况报告、信息系统安全测评等相关工作,从而保证征信机构的平稳发展。

《办法》的出台是对《条例》中部分事项的重要补充和完善,在一定程度上加强了征信业监管的可执行性。

3. 强调信息安全,应对多元化的征信市场——《征信机构信息安全规范》

继2013年的《办法》和《条例》之后,在2014年11月17日,为建立一个健康的征信市场,新的行业标准《征信机构信息安全规范》(后文简称《规范》)顺势而出。这个规范的主要目的是确保征信业的可持续发展,对规范征信机构合规开展业务具有指引性作用。

《规范》结合实际情况，对机构征信系统安全性标准进行了差异化规范，并进一步完善征信系统信息安全管理。首先，在机构征信系统安全性标准方面，《规范》主要考虑了差异的特殊性，即不同征信机构的历史、资本、业务等方面的差异，以及企业征信机构和个人征信机构的差异等因素，确立了适用于各自系统的通用性的安全要求。这是充分考虑了当时市场中多样化的征信市场参与主体，如互联网企业、金融门户企业和大数据公司等一系列民间资本对于征信行业的涉足。其次，在征信系统信息安全管理方面，《规范》结合实际情况，采用了"定级备案—建设整改—等级测评—监督管理"这一流程来保护征信系统，这同时也符合国家信息安全主管部门的相关要求，具有一致性。最后，《规范》还特别增加了有关业务运作的特殊要求，这是对国标的一种行业化处理，有助于体现出行业的特殊性。

具体而言，《规范》对不同的主体分别规定了其职责和义务，旨在形成一套分等级的信息安全保护制度。《规范》面向的主体是征信产业的上下游机构以及一些第三方测评机构，目的是通过对不同层次征信系统设定在安全管理、安全技术和业务运作三个方面差异化的安全要求，使不同征信机构都能够进行相应级别的信息系统备案、建设和测评，最终达到形成一套分等级的信息安全保护制度。

相较于《条例》，《规范》为征信法律制度体系提供一个支撑和指导，重点在于规范了机构的信息安全，有利于征信机构合规地进行信息的收集、加工保存和使用，并更好地构建和改善自身的征信安全管理体系。

4. 健全公司治理，规范民营征信市场——《征信机构监管指引》

第四个标志性法规是2015年12月初中国人民银行出台的《征信机构监管指引》（后文简称《指引》）。赶在民营征信牌照下发之前，《指引》试图从公司治理、风险保证、股东转让等方面对各类民营征信机构进行管理，减少相应风险，规范即将开闸的民营征信市场。

根据《指引》，中国人民银行从机构的业务能力、内控以及人员等方面对征信机构的公司治理制定了大量全面的规范。具体包括：要求征信机构需要具备开发征信产品的能力；要求不同征信机构配套相应的、完善并且可操作性强的内控制度；要求不同征信机构具有相应的IT系统开发和管理能力，能够开展相应的征信业务；要求员工队伍具备相应的业务能力。这些具体方面的标准也是中国人民银行检查和验收入围的个人征信机构的主要考量。

同时，《指引》中一个亮点是首次对提取保证金进行了相关规定。为避免征信公司因出现报告错误引致的破产风险，《指引》规定个人征信机构的标准是10%，即参照注册资本总额来计算。同时，中国人民银行有权在考虑信息安全和风险控制因素下，上浮个别征信机构的提取比例，主要通过考察征信机构经营合规情况、上一年度风险赔偿总额以及业务规模和风险状况。当然，《指引》限定了这一上浮比例，不超过注册资本的30%。以国外经验为参考，如果征信公司对个人数据更新程度达不到一定的同步水平，使得金融机构在审核贷款时出现报告错误，征信公司容易遭到法律上的诉讼。因此，在没有足够保证金的情况下，部分公司甚至会破产，破坏市场稳定性。设置保证金正是为了处理此类问题。

除此之外，《指引》为防止征信牌照被倒卖，对公司股权变更提出了更为细化的要求。其中，无论是从金额上看的拟变更出资额占公司资本总额的比例，还是从数量上看的拟变更持股占公司股份的比例中的任何一方超过5%，都要由中国人民银行批准，而其他情况下只需要在央行及时备案，不超过10日即可。

但遗憾的是，在《指引》中并未看到有关征信机构行业退出机制的相关规定。因此，我们可以认为《指引》仍然只是一个指点和引导，而后续中国人民银行还会就征信行业内的监管发布细则。

◇◇ 二 中国人民银行征信中心个人征信系统

在中国，中国人民银行是个人征信体系中不容忽视的一个参与者，其建立的征信中心是个人征信系统最主要和最核心的部分。以下部分将具体阐述个人征信系统的发展历程、现状以及中国人民银行征信中心应对互联网金融发展的新动向。

（一）个人征信系统的建设历程

2004年4月，银行信贷征信服务中心成立，标志着中国人民银行领导和筹备开展的征信体系建设开始。同年的12月15日，个人征信系统，即个人信用信息数据库，在全国的不同城市（北京、深圳、西安、重庆、南宁、绵阳和湖州共计七个城市）进行了初步的试点运行。被挑选为试点对象的有两种主要类型的银行，分别是国有和股份制商业银行（15家）和城市商业银行（8家）。随后从2006年1月起，这套由央行推行的个人征信系统就实现了在全国范围内联网运行，并于2010年6月切换至上海运行后开始正式对外提供服务。

2011年2月，为全面升级技术、产品和服务，征信系统二代建设工作正式启动，并在之后的几个月内迅速发展。2011年4月15日，个人征信系统实现了次日更新能力，即可实现信贷数据的逐日更新，这种数据采集方式的变动提高了数据的有效性。2011年5月28日，针对信用报告的单笔和多笔的自动查询也成功上线，这一信用报告接口查询大大提高了信用数据的可获得性。2011年12月底，一个综合的信用数据分析系统也同样实现了初步试运行。

2012年9月到12月，征信中心先后与FICO（费埃哲）公司和IBM（国际商业机器公司）合作，分别完成了个人信用评分模型开发、征信系统信息化总体架构规划等一系列相关的项目。

2013年3月25日，企业和个人征信系统首次被明确定义为国家信用信息基础数据库的组成部分，具体细则由《征信业管理条例》进一步解释。从2013年3月到10月，征信中心所推出的通过互联网查询本人信用报告的服务先后在以北京、广东和重庆为代表的9个省（市）进行初步的试点工作。同年11月30日，征信中心自主研发完成第二代个人评分模型，即"个人信用报告数字解读"

模型。

2014年1月1日,针对个人信用报告进行检测所研发出来的"个人信用报告异常"查询监测系统正式投入运行。同年9月27日,互联网个人信用信息服务平台(简称"平台")在服务范围上实现了初步的一个全国覆盖。紧接着在2014年12月29日,新版的互联网个人信用信息服务平台上线。

2018年1月,监管部门以互联网金融协会牵头、由八家市场机构各入股8%的形式成立了百行征信有限公司(也称"信联")。

(二)个人征信系统的信息采集和使用情况

目前,个人征信系统的信息采集主要包含银行机构的一些信贷数据、非银机构的一些信贷数据(小额贷款、保险公司)和公共部门(税务、法院、环保、公积金管理中心等)的数据。从信贷记录的覆盖面上,尚有5亿左右的人群未被覆盖,这对普惠金融的发展造成了一定阻碍。

在信息使用方面,目前获准接入个人征信系统、查询信用报告的主体仅包括人民银行分支机构、银监会、证监会和17家商业银行,大量小贷公司及互联网金融平台并未获准接入央行征信中心的数据库,使资金的贷方面临更大的违约和欺诈等风险,同时造成相关违约信息无法得到及时反馈。

1. 个人征信系统信息采集

个人征信系统采集的信息主要包含三个维度——基本类、信贷类以及其他类。

（1）个人基本信息

个人征信系统采集的个人基本信息主要有四类，由个人与商业银行存在信贷业务时收集而来，这四类信息包括标识信息类、身份信息类、职业信息类、居住信息类。

（2）个人信贷信息

个人征信系统采集的个人信贷信息主要有五类，由个人发生信贷活动时收集而来，这五类信息包括贷款类（发放及还款记录等）、担保类信息、信用卡类（发卡和借还款记录）、特殊交易类信息和特别记录信息五个方面。

从信息性质角度，可将借贷信息分为不良信息、正面信息和错误信息。不良信息是对个人存在负面影响的一些信息，被定义为违约信息、欠税信息、法院和行政处罚信息；正面信息则包括拥有贷款和信用卡且正常还款的信息；错误信息则是与实际情况不符的错漏信息。其中特别的规定是不良信息自不良行为或事件终止之日起保留5年，而与之相反的则是正面信息将作为信用财富一直展示在信用报告中，错误信息则会在异议处理确认后立即更正。

截至2014年年底，个人征信系统在全国范围内收集了大量的账户信用数据。其中，累计收集到的信贷账户记录共计有12.52亿个，具体地，贷款账户记录达到了4.52亿个，信息量位居第二；信用卡账户记录达到了7.99亿个，信息量位居第一（详见图2-1）。

(亿个)

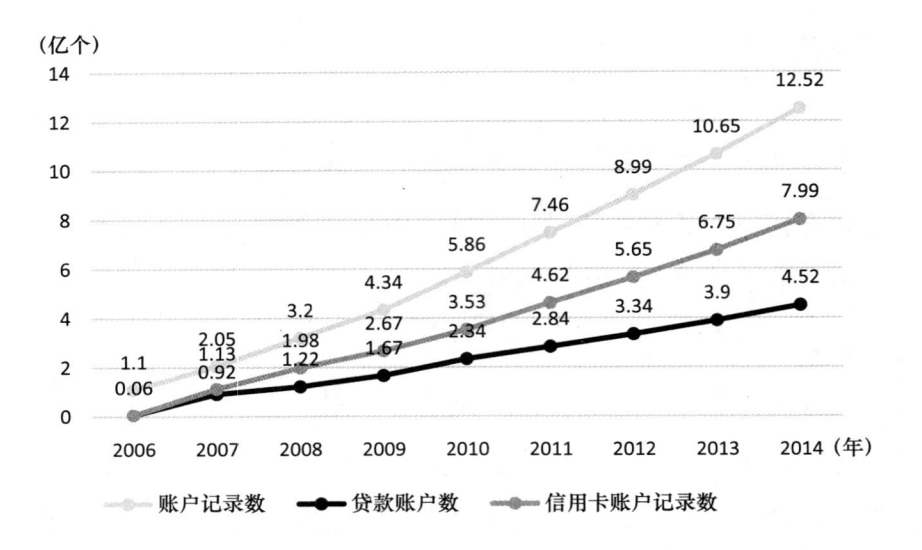

图中数据：
- 账户记录数：2006: 1.1, 2007: 2.05, 2008: 3.2, 2009: 4.34, 2010: 5.86, 2011: 7.46, 2012: 8.99, 2013: 10.65, 2014: 12.52
- 贷款账户数：2006: 0.06, 2007: 0.92, 2008: 1.22, 2009: 1.67, 2010: 2.34, 2011: 2.84, 2012: 3.34, 2013: 3.9, 2014: 4.52
- 信用卡账户记录数：2007: 1.13, 2008: 1.98, 2009: 2.67, 2010: 3.53, 2011: 4.62, 2012: 5.65, 2013: 6.75, 2014: 7.99

图 2-1　个人征信系统历年收录账户数变化趋势

数据来源：人民银行征信中心《征信系统建设运行报告（2004—2014）》，2015年。

（3）反映信用状况的其他信息

其他信息是指能够反映个人信用状况的辅助性信息，共计80余项具体数据。例如：个人住房公积金缴存信息、反映个人缴税情况的税务信息、反映个人有关社会保险的社会保险缴存和发放信息、反映有关低保户的个人低保救助信息、反映个人登记的车辆交易和抵押信息、反映个人所拥有的执业资格、反映个人所涉及的法院判决和执行信息、反映个人登记的电信信息和奖惩信息共8类公共信息。

到2014年年底，个人征信系统在其他信息方面采集8类公共信息共计2.59亿账户信息，这一数字占总数据量的20.69%。在公共信息中，个人住房公积金缴存和社保状况在公共信息中占比居前两位，其总和超过了 90%，与此形成鲜明对比的是其他几类数据量的比重均在 5% 以下。①

另外，截至 2015 年年底，尽管该系统收录了 8.8 亿自然人的信息，但是其中有信贷记录的自然人仅仅为 3.8 亿。②

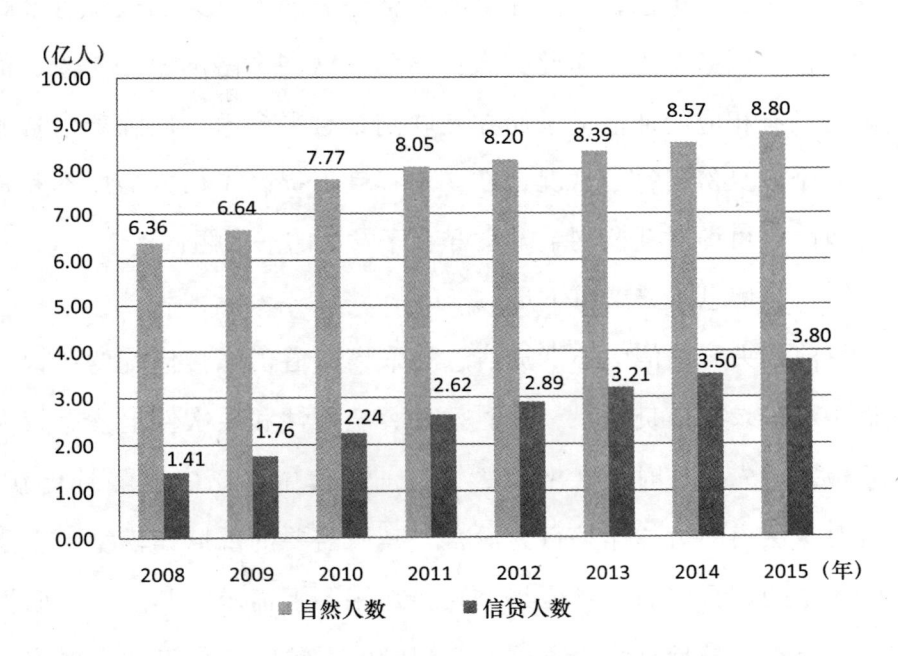

图 2-2　近年来个人征信系统收录自然人数及信贷人数

数据来源：人民银行征信中心《征信系统建设运行报告（2004—2014）》，2015 年。

（4）现有信息采集体系的不足

就目前来看，央行的征信体系在信息采集方面存在覆盖人群范

---

① 数据来源：人民银行征信中心《征信系统建设运行报告（2004—2014）》，2015 年。
② 数据来源：希财网。

围狭窄和信息采集渠道不足的问题。

第一,覆盖人群范围狭窄

到2017年年底,在个人征信系统收录的约合9.7亿自然人的信息中,仅4.8亿人有信贷记录。① 大量的信贷潜在对象并没有被央行征信中心收入记录,这意味着有4亿左右的人群无法被现有金融机构的信贷服务覆盖。而此类人群多为互联网金融的服务对象,他们因为没有相应的征信记录而在互联网金融平台上也面临着借贷成本与其个人身份不符的情况,在一定程度上提高了借方的成本和贷方的风险,可谓对互联网金融良好有序发展的一大阻碍。

第二,信息采集渠道不足

目前,央行征信中心借贷信息的采集渠道仍来自传统商业银行的信用卡记录及信贷记录,在时效性、全面性和层次性上皆有较大的短板。首先,在时效性上,尽管目前征信中心已实现隔日更新,但是对于层出不穷的诈骗行为而言,其所需要的反欺诈模型更多是实时调整的,目前的信息征集方式显然跟不上需求;其次,全面性不足主要指本身具有商业银行信贷记录的对象占全体潜在金融客户的比例太小,不利于金融普惠的发展;最后,在层次性上,征信数据的来源缺乏地方小型信用社及许多小额贷款公司的数据,无法满足小微企业和个人的信贷需求。

2. 个人征信系统信息的使用情况

近年来,个人征信系统信息的使用状况良好,接入机构的数量

---

① 数据来源:王煜:《新时代 新征程 新作为》,《中国征信》2018年第2期。

在逐年增加。目前已接入的机构主要是以全国性商业银行为代表的一大批银行类金融机构和以小额贷款公司（简称"小贷"公司）为代表的一大批非银行类金融机构。同时，征信中心正在积极推动从事信贷业务的一些其他相关机构（例如融资租赁相关公司）尽可能多地接入系统。截至2015年5月底，在征信中心的不断建设下，个人征信系统接入机构种类和数量已经增长到一个较大的数字，如图2-3、2-4所示，接入该系统的机构数为1868家。[①] 至9月底，该数目已上升至2170家。

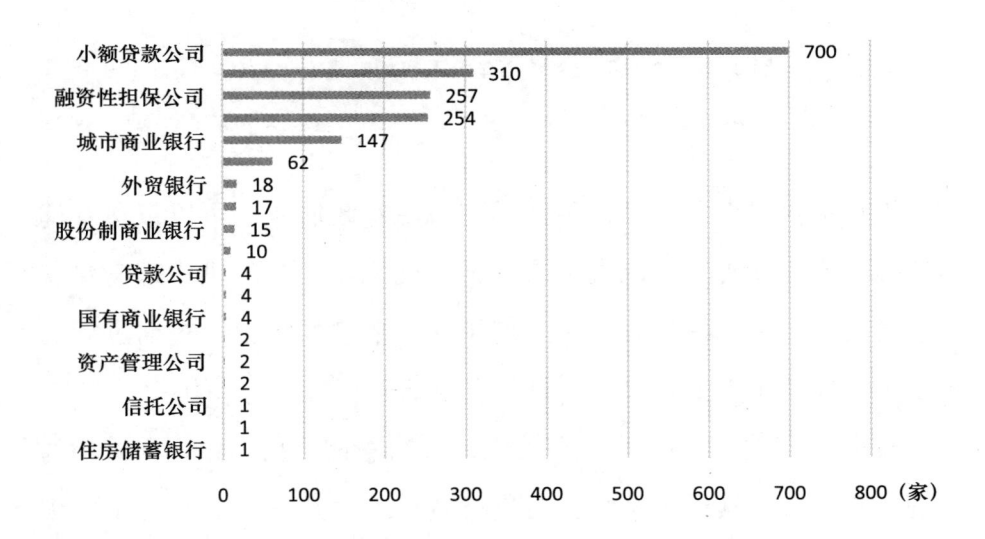

机构类型	数量（家）
小额贷款公司	700
融资性担保公司	310
城市商业银行	257
	254
外贸银行	147
	62
股份制商业银行	18
	17
贷款公司	15
	10
国有商业银行	4
	4
资产管理公司	4
	2
信托公司	2
	2
住房储蓄银行	1
	1

图2-3 截至2014年年底个人征信系统接入机构情况

数据来源：人民银行征信中心《征信系统建设运行报告（2004—2014）》，2015年。

[①] 数据来源：人民银行征信中心《征信系统建设运行报告（2004—2014）》，2015年。

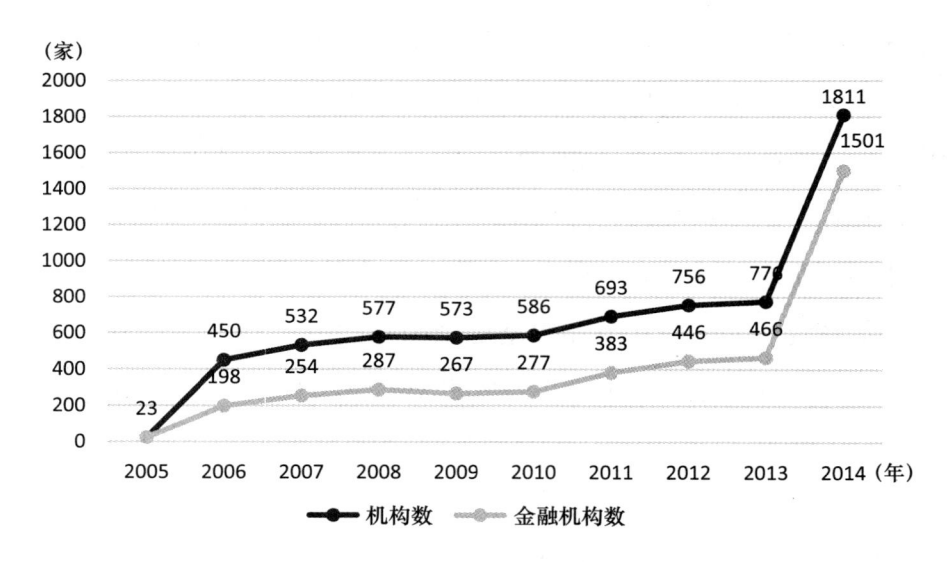

```
(家)
2000
1800                                                              1811
1600                                                              1501
1400
1200
1000
 800            577   573   586   693   756   770
 600      450   532                            466
 400      254   287   267   277   383   446
      198
 200  23
   0
     2005 2006 2007 2008 2009 2010 2011 2012 2013 2014 (年)
          ─●─ 机构数    ─●─ 金融机构数
```

图 2-4 个人征信系统历年接入机构数量变化趋势

数据来源：人民银行征信中心《征信系统建设运行报告（2004—2014）》，2015 年。

在个人征信报告查询方面，目前只有法院和政府部门可以依法查询这些报告而无须告知被调查者或取得其同意，其余的机构都需要获得包含授权对象、授权时间、查询用途等信息的授权，查询过后的记录也会成为个人信息报告的重要组成部分。

截至 2014 年年底，个人征信系统开通查询之后，用户和机构的查询次数较多。其中该系统针对进行查询的用户达 13.26 万个，累计查询的次数是 20.83 亿次。2014 年全年金融机构共查询的次数是 4.05 亿次，其中，股份制商业银行查询量最高，占 43.8%；其次是国有商业银行，占 38.9%。①

---

① 数据来源：人民银行征信中心《征信系统建设运行报告（2004—2014）》，2015 年。

第二章　中国个人征信体系的发展和现状

随着个人征信系统开通查询，个人信息主体信用报告临柜查询数量也在不断增加。截至2014年年底，个人信息主体在全国范围内临柜查询个人信用报告共计2700万次，2014年全年全国范围内共受理查询本人信用报告1231万次，自2008年以来呈现出逐年增长趋势。[①]

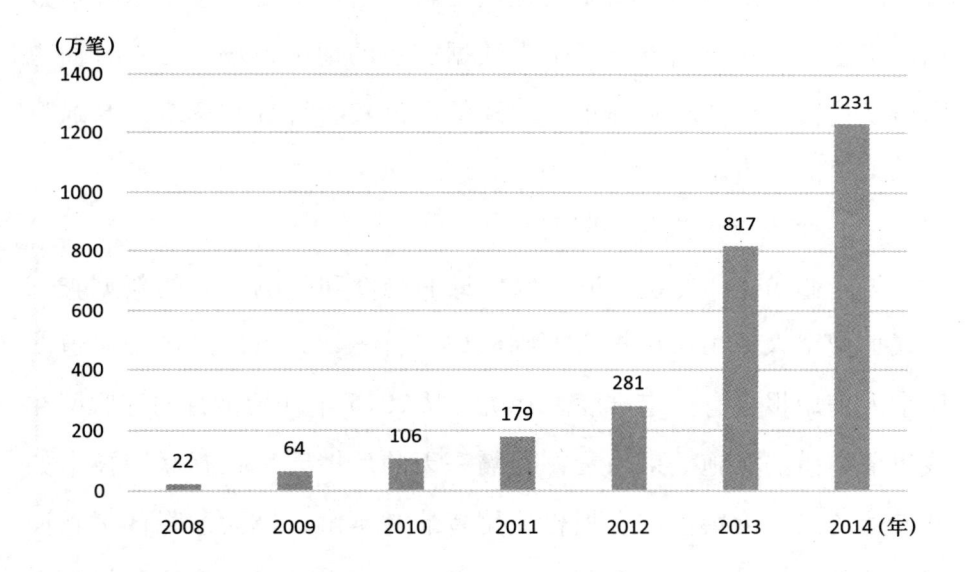

图2-5　个人信息主体信用报告临柜查询历年查询量情况

数据来源：人民银行征信中心《征信系统建设运行报告（2004—2014）》，2015年。

但现有的信息查询体系仍存在对体制外机构封闭和个人查询报告困难的问题。具体而言：

[①] 数据来源：人民银行征信中心《征信系统建设运行报告（2004—2014）》，2015年。

(1) 对于体制外机构的封闭

与传统商业银行便捷、通畅地与征信系统的专线连接方式相比，更多的传统小额贷款公司及大量新型的互联网金融借贷平台却面临着难以获取征信系统中相关个人信用数据的窘境。尽管这可以理解为央行征信中心对于保护个人数据隐私及安全所需要采取的监管措施，但是封闭的市场无法提供给新型借贷平台一个获取征信数据的机会，这一方面催生了个人数据交易的地下市场，另一方面也阻碍了信贷平台贷款利率水平的降低和消费者合理利率水平与通畅借款渠道的获得。

(2) 个人查询报告的阻碍

与企业相比，传统渠道获取信息的难度和间隔一天的新型查询方式均使个人使用信用报告面临阻碍。首先，个人通过传统渠道获取个人信用报告有一定难度。其次，从2015年开始推行的互联网在线申请举措的实施效果来看，间隔一天的反馈频率在互联网技术如此发达的当下无疑让许多报告使用者非常不解，极大地降低了查询报告的效率。最后，在更深层次意义上，个人对于自身信用报告查询意愿和查询频率的降低从根本上阻碍了信用文化在中国的建立，这是对征信事业的根本打击。

3. 异议处理相关规定

作为保证征信数据准确性的重要环节，征信设立了异议处理环节，处理消费者认为信用报告有错误和消费者不满意的情况。

对异议处理方式和内容进行详细规定的是出台于2013年的一部规程《金融信用信息基础数据库个人征信异议处理业务规程》（银

征信中心〔2013〕97号文）。这一规程给予了个人亲自或委托代理人提出异议申请的权利，当个人认为存在错误或遗漏的信息时，可以对信用报告提出异议申请。具体操作流程要求个人携带有效身份证件前往受理异议申请的征信分中心提请核查，在20日后可以领取回复函，该回复是征信中心核查了提供异议信息的银行后所做出的。

《规程》同样考虑了异议处理不让消费者满意的情形，也就是说如果消费者对于异议处理结果不满意，可以通过在信用报告中添加一个附加的"本人声明"，向当地人民银行征信管理部门或金融消费者权益保护部门进行投诉甚至向法院起诉来解决。

根据征信中心撰写的《征信报告全知道》中的数据，目前征信中心所接受的异议处理中有48%来自业务发生机构出错，37%来自用户错误认知，2%来自身份信息被盗用、受委托的第三方未及时还款等，13%来自异议正在处理等情形。

（三）个人征信产品体系

经过十年的发展，个人征信系统形成了两大类产品体系，分别是基础产品和增值产品体系。前者主要是基础性的信用信息，如个人信用报告、信息提示、信息概要等，后者则包含重要提示和数字解读等。

1. 基础产品

基础产品包含报告、信息提示和信息概要三种类型，其核心是个人信用报告。目前，个人信用报告根据服务对象和使用目的分为4类，具体包括：第一类是为授信机构（银行为代表）服务以获得更好个人信用信息的银行版，同时包含相应的只有该银行报送信息的异议版；第二类是针对消费者的，能够满足其本人要求的个人版以及明细版；第三类是为其他社会主体服务的社会版；第四类是征信中心版，即为了供征信系统管理使用的一种最全面的个人信用报告版本。个人信用报告的基本内容包括报告头、基本信息等八项内容。不过，鉴于不同主体使用目的不同，因而不同版本的信用报告对内容的侧重点也有所不同（详见表2-1）。

表2-1　　　　新版个人信用报告的主要内容

报告内容	银行版	银行异议处理版	个人版（含彩色样式）	个人版（明细）	征信中心版	社会版
报告头	√	√	√	√	√	√
基本信息	√	√	√	√	√	无
信息概要	√	无	√	√	√	√
信贷交易信息明细	√	√	√	√	√	无
公共信息	√	无	√	√	√	√
声明信息	√	√	√	√	√	√
查询记录	√	√	√	√	√	√
报告说明	√	√	√	√	√	√
备注	屏蔽他行的机构名称和业务号	仅包含本机构报送的信贷信息	基本信息仅包含婚姻状况			

资料来源：人民银行征信中心《征信系统建设运行报告（2004—2014）》，2015年。

2014年年底以来，央行征信中心开始通过互联网查询征信报告作为其业务开展的重点进行推广。具体流程要求征信报告查询者经过在线身份验证后提交查询申请，次日即可获得信用报告。同时，报告提供每人每年两次的免费查询机会，另外，通过商业银行柜台和网银委托查询信用情况也正在试点过程中。从央行征信中心的这一转变中我们可以看到，央行征信中心对互联网发展要求的适应性转变，但是这种适应性转变的力度仍然不够强烈，次日得到查询报告的速度也无法满足消费者对及时性的需求。

除个人信用报告之外，个人信用信息提示是一项比较特别的项目，通过数据查询和整理，以显示该主体最近五年在个人征信系统中是否存在相关的任何逾期记录。个人信用信息概要主要包括个人所相关的信贷记录、个人所相关的公共记录和最近两年内查询记录的一个汇总统计信息。以上这些产品都是通过互联网个人信用信息服务平台向不同的信息主体提供各种查询服务，可得性都较高。

2. 增值产品

增值产品主要是征信中心所进行的定制性分析服务，主要包括个人业务重要信息提示和个人信用报告数字解读。

（1）个人业务重要信息提示

个人业务重要信息提示是利用个人征信系统即时更新的数据，每周筛选出各机构所定义的"好客户"在其他机构发生的一些信息推送给各自机构。这类服务面向授信机构用户，报送的信息均属于一些负面信息，如"新增逾期61—90天/90天以上"、贷款五级分类"新增不良"，或者是关于信用卡方面的如信用卡账户状态"新增呆账"、贷款或信用卡"新增账户",或者是关于"新增失信被执行人",等等,这项服务目前尚未上线运行。

(2)个人信用报告数字解读

个人信用报告数字解读(以下简称"数字解读")以个人征信系统数据为基础,并通过与美国FICO(费埃哲)公司合作,建立模型进行相关分析,以精准预测客户未来信贷违约概率。这一产品最终会给出不同的分数,用来表示不同的违约率。分数的范围是0—1000分,显然,分值越高代表的是数字解读结果为违约率低,信用风险小。一般情况下,高分人群的违约率要低于其他,因此其整体的信用状况就要优于低分人群。"数字解读"旨在帮助放贷机构更加便捷地使用信用报告信息,了解客户的信贷风险状况及未来发生信贷违约的可能性。

中国第一代针对个人征信的数字解读评分体系研发始于2006年,出台于2009年,其名为"中征信"个人征信评分。2012年9月份,征信中心启动"数字解读"第二代模型的研发工作。截至2014年年底,征信中心开发了第二代模型,但未上线,征信中心仅表示"根据征信中心内部监测、第三方独立验证以及部分商业银行针对其自身客户群和业务所做的验证看,模型各项性能指标表现优秀,具有较好的风险区分和排序能力,模型的稳定性和适用性较好"。

3. 现有征信产品体系的不足

目前,由于技术不先进,中国征信产品体系仍存在许多不足,表现为基础征信产品不成熟和高级征信产品匮乏。首先,仅从与FI-

CO（费埃哲）的合作来看，中国目前仍未落实个人征信报告数字化评分，而这一数值已深深植入美国银行业信贷流程，且良好运转达几十年之久。其次，落后的技术使客户无法通过多样化的产品来了解市场，机构也难以维持和开发客户的关系。同时，落后的技术使消费者难以对自己的信息有一个清晰的了解和管理，更不用说控制生活关键阶段的财务事宜，也谈不上增进他们的金融健康。最后，落后的技术使整个征信业难以支持金融等其他行业。

由此可见，产品的供给市场与需求市场呈现出相互影响的态势，即单一的产品带来了短缺的市场供给。当供给不足时，征信企业的潜在需求就无法转化，整个市场便处于恶性循环的泥潭。

目前，中国征信市场的产品体系缺乏场景化产品、高端增值服务和反欺诈领域相关产品。具体而言：

（1）缺乏场景化产品

目前，央行征信中心只能以报告形式作为各类商业银行对信贷活动者还款能力和意愿的考量，但信用数据在其他领域内的应用却缺乏实践。一个信用社会的特征就在于信用成为社会公认的个人财富，征信记录良好的人可以便利地获得各类场景化的金融服务，例如，买卖车辆的时候可通过无抵押的低息贷款获得车辆的使用权。但在央行开闸民营征信业务之前，我国目前的征信市场无疑无法实现这一应用，这正是央行征信中心产品体系缺乏场景化产品的表现。

（2）缺乏高端增值服务

相较于美国发达的征信体系，中国目前缺乏高端增值服务。以美国三大征信局之一 Experian（益百利）为例，这家公司的服务范围就拓展许多，远远超出了信用服务领域。在决策分析领域，益百利提供的服务涵盖了信用和市场的整个生命周期，除了为客户提供基于征信数据的增值服务，同时利用自身专家咨询顾问、分析工具、软件和解决方案等与客户进行更高一层次的沟通交流，更进一步地帮助客户解决复杂问题甚至帮助其进行有更大价值的商业决策。

此外，Equifax（艾可飞）还开发出了多种模型提供更精准的信用服务。例如基于个人信用评分和水电支付记录的有关信用卡追偿模型和实时监测信用报告查询的发现犯罪苗头的产品。前者的分析结果有助于银行在客户出现信用卡还款违约时进行客户识别，即是否应该继续维持该客户，后者则是用来应对日益增多的犯罪行为。其相关部门副总裁 Keith Manthey 说："骗子的行骗手段可以体现到查询速度及一些其他因素特征上，而且他们会共享和大量使用，因而当一个新的申请出现时，这个系统就是针对这些特征进行分析、评分和判断。"

（3）缺乏反欺诈领域相关产品

在基础产品领域，目前央行征信中心产品体系缺乏征信领域内非常重要的反欺诈相关内容。所谓的反欺诈，其目的在于：一是实现对于欺诈行为的实时拒绝，以最快速度减少金融机构的损失；二是防止欺诈数据对于征信模型的建立造成偏离值引起的系统性差异。对此，许多国际先进征信机构都将反欺诈纳入其征信服务范围内。以 Equifax（艾可飞）为例，其安全团队基于"正常人生存在世界上,会在许多方面或多或少地留下痕迹,惟有虚构而非真实的人才不会"的理念,通过逆向分析,认为虚构人的目的和行为只存在和体现于申领到信贷额度这一环,而信用记录最少的真实存在的人,也会出现在其他的一些文件中,如交话费、订杂志等,新的欺诈检测工具就是为了区分这两种类型的人。

第三章

互联网金融与中国个人征信体系发展

◇ 一 中国互联网金融发展现状

互联网金融①是一种新类别的现代金融业务模式，依托传统金融、互联网信息技术及大数据，旨在实现资金融通，为各参与者提供支付、投资和信息中介等服务。自2013年以来，中国互联网金融就进入了一个高速发展阶段，凭借其成本低、覆盖广、速度快的三大优势，迅速改变了传统模式，形成新型金融服务模式，从而提高了整个金融系统的运行效率。

（一）发展历程

根据时间推进和相关法规的出台，中国互联网金融的发展历程

---

① "互联网金融"这一概念是由谢平博士首次提出，在美国等发达国家，金融科技（FinTech）的概念更为流行。参见谢平、邹传伟：《互联网金融模式研究》，《金融研究》2012年第12期，第11—22页。

大体分为三个阶段。

第一阶段是 2005 年以前，两者并未真正融合，仅表现为互联网技术为传统金融机构提供一些技术支持。

第二阶段是 2005 年至 2012 年，两者结合的领域进一步深入业务层面尤其是在支付业务方面的发展。其背景主要是网贷萌芽在中国出现，促使非银行类型的第三方支付有了发展空间。其中，以 2011 年中国人民银行开始发放第三方支付牌照为标志性事件，例如代表性的产品支付宝、财付通等。这标志着第三方支付业务进入了一个规范发展的轨道，两者的结合进一步深化。

第三阶段是 2013 年以后，2013 年更是被人们冠之以"互联网金融元年"的称号，标志着金融发展迎来一个新的阶段。2013 年以来，网贷平台进入了快速发展时期，众筹融资平台萌芽已现。此外，还有银行、券商纷纷改组其业务模式，吸收互联网技术，相继推出线上创新型平台，其中以阿里、腾讯、百度为代表的互联网巨头开始显现出在互联网领域打造新型产业链的态势。这一阶段的代表性产品有手机支付宝、余额宝、微信支付等，互联网金融开启了移动互联时代，一个更加细分的、科学的、多层次的、跨领域的现代金融体系逐渐形成。[①]

（二）主要成就

1. 互联网支付

互联网支付作为互联网金融领域普及程度最高的业务，给予了

[①] 资料来源：《中国金融稳定报告》，中国人民银行金融稳定分析小组，2014 年。

用户便捷、高效、足不出户就可以享受到的服务，无愧于源头这一称号。据统计，网上支付的用户规模和手机支付的用户规模都在总量和增速上保持较高水平。截至2017年上半年，中国使用网上支付的用户规模达到5.11亿，使用手机支付的用户规模达到5.01亿，两者规模相当。具体来看，前者较上一年年底增加3654万人，增长率为7.7%；后者较上一年年底增长7%。另据数字显示，从2016年底到2017年6月，中国网民使用网上支付的比例有了一定程度提升，从64.9%提升至68%；手机支付的网民使用比例由67.5%提升至69.4%。①

2. P2P网络借贷

P2P网贷平台发展迅速，就目前来看中国已成为全球网贷平台最多、规模最大的国家，但与此同时风险丛生。据统计，网贷行业2017年度的成交量达到了28048.49亿元，相比上一年有很大幅度的增长，增长比例大约有36%；累计正常运营平台数达到1931家，退出行业的平台数量相比去年有了较大的增加，竟达到了517家之多。② 但是随着P2P业务的迅速发展，另一个问题也逐渐突出，停业及问题平台数累计达到645家，占平台总数的33%（截至2017年年底）。③ 其中重要的原因是自2015年下半年起，监管趋严，平台竞争更加激烈，这也标志着该行业向理性调整的一个过渡，意味

---

① 数据来源：《第40次中国互联网络发展状况统计报告》，中国互联网信息中心，2017年。
② 数据来源：网贷之家。
③ 数据来源：网贷之家。

着膨胀期渐行渐远。从数据来看，2017年P2P借贷收益率和平均利率均有所改变，前者持续下降，后者约为9.45%的水平。①

3. 消费金融

从艾瑞网获得的数据来看，② 2017年，中国的互联网消费金融市场交易规模迅速膨胀，已经超过了4.4万亿元，同比增长904%，其中排名前十的机构放贷规模占总规模的67%，③ 已经成为信贷消费的新增长动力。④ 此外，2016年双十一期间，蚂蚁花呗支付笔数占支付宝总支付笔数的20%，这一数字意味着它撬动消费金额达到268亿元。⑤ 不仅限于网络购物分期市场，网络信贷消费还向垂直消费领域如租房、教育、装修和旅游等渗透，让用户在更多场景下享受互联网金融服务，同时带动这些消费分期市场蓬勃发展。⑥

4. 网商小贷

互联网金融平台充分利用网购平台的信息和成本优势，为中小微企业提供及时便利的小额贷款，弥补了银行贷款在这方面的服务空白，极大地降低了企业的融资成本。据统计，截至2015年11月，以传统实体企业为背景的网商小贷公司，全国范围内有六家；以电商、互联网或互联网金融为背景开展网商小贷的公司有八家，如京

---

① 数据来源：网贷之家。
② 数据来源：2017年中国互联网消费金融行业报告，艾瑞网。
③ 数据来源：蚂蚁金服。
④ 数据来源：零壹财经。
⑤ 数据来源：蚂蚁金服。
⑥ 资料来源：《新形势下，互联网金融发展与监管问题研究》，腾讯研究院，2016年。

东小贷、浙江阿里小贷等。①

阿里小贷公司是众多网商平台中为电商企业提供小额度贷款业务的一个典型代表。阿里小贷从 2010 年开始为小微企业提供贷款业务,到 2016 年年底,阿里小贷服务小微企业达 277 万户,累计向小微企业发放贷款量 879 亿元,平均每户获得的贷款金额大约为 1.5 万元②。

京东金融为小微企业提供多种利率、期限搭配的产品,例如"动产融资""京小贷""京保贝""网商贷"等贷款产品③。这些产品解决了与京东合作、同处一个生态圈的供应链及合作商家的融资问题。以"京保贝"和"京小贷"为例,到 2016 年 3 月底,前者已经服务了近 2000 家供应商,后者更是方便了众多店铺贷款,给予了超过 30000 个店铺贷款资格。④

5. 其他互联网金融领域

与此同时,中国互联网保险、股权众筹、互联网财富管理等其他互联网金融领域也得到了较为快速的发展。从保费数据和保险公司数量数据来看,2017 年上半年,中国互联网保险行业整体保费收入达到 2497 亿元,同比增长 6.37%。在保险公司当中,有互联网相关业务的公司已经增长到一个较大数目,截至目前已达到 129 家。2017 年互联网财产险预计收入 475.6 亿元,人身险将达 2021 亿元,从占比来看,前者在保费总收入中达到 19%,后者则达到 81%⑤。

---

① 资料来源:中华网投资。
② 数据来源:网商银行 2016 年年度报告。
③ 资料来源:京东金融官网。
④ 数据来源:融 360。
⑤ 数据来源:中国保险行业协会。

◇◇ 二 互联网金融时代个人征信发展的挑战与机遇

个人征信业的发展对以互联网金融为代表的现代金融业至关重要。中国在个人征信方面的市场发展较晚，现存发展空间巨大，发展的前景广阔。随着相关行业不断发展进步，新技术、新模式的逐步开发与运用，中国个人征信业务的发展既迎来了机遇，又面临着挑战。

（一）传统征信不能满足互联网金融发展的需求

1. 传统征信体系覆盖面不够，长尾客户需求难以满足

中国个人征信数据总量可观，但信贷数据不足难以满足长尾客户需求。截至2017年年底，央行收录的自然人数据在总量上可观，但信贷记录尚不足，央行个人征信系统在全国范围内共收录自然人数据9.7亿，其中4.8亿有信贷记录，这一占比不到全国总人口的三分之一。① 其中没有接受传统金融信贷服务的群体一般被称为"普惠金融用户"，这一群体包括小微企业主、兼职进行创业的工薪阶层以及农村的贫困农户、大学生等。这部分客户往往表现出和传统金融服务对象截然不同的特点——小金额、高频次、场景化。以

---

① 王煜：《新时代 新征程 新作为》，《中国征信》2018年第2期。

上这些特点也决定了传统征信体系在这一方面难以满足普惠金融的特别需求。由于缺乏信贷数据，融资需求难以满足，同时信贷结构的业务风险上升（例如现金贷问题）。

然而中国庞大的人口基数以及个人快速增长的金融需求，为多元化的个人征信市场提供了巨大的潜在发展空间。2014 年，美国的征信总量已超过 671 亿，中国却只有 20 亿。但如果按照对个人征信的依赖来看，中国的人口优势会带来国内个人征信市场的扩张，毕竟中国人口是美国的 4.5 倍，因此按照比例来进行计算，可以预见中国未来市场规模可达 2000 亿。

就目前发展情况来看，中国个人征信体系建设尚处于一个初期发展阶段，因此也就具有极强的可塑性。尽管与国外相比差距较大，例如美国的征信需求和习惯已经深入服务业、金融业、国民各个产业，但是在征信技术上，得益于互联网时代的信息技术共享机制，新锐的征信机构在数据加工技术平台水平和应用端都能很快达到国际先进水平。

2. 传统征信体系数据来源单一，迫使从业主体通过其他渠道获取征信数据

传统征信系统的个人信用数据库数据种类相对较少且略显单一。主要包含是以个人基本信息为代表的四类基础征信信息，具体还有贷款、信用卡和其他类的信用信息。并且范围相对狭小，数据来源、种类主要集中在金融信贷领域，显得相对单一。面对互联网金融的"场景化"特色，传统系统的这些征信方式和收集的数据种类与之相比更是显得有些覆盖不足，尤其是包括委托贷

款信息、证券与保险信用信息、P2P信息等重要的征信信息尚未完全纳入征信系统，以及小额贷款公司、融资性担保公司、资产管理公司和融资租赁公司等一批金融机构也未能实现全部接入征信系统。另外，为采集反映信用状况的其他信息，中国人民银行先后与相关政府部门和相关单位签订信息共享协议，但这种采集信息的方式没能充分实现"互惠共赢"，导致工作动力不足，信息的更新性差，预期的征信信息采集和应用都难以实施，无法达到预期效果。

传统征信体系数据来源单一导致新兴从业机构短期内无法实现对接，或者缺少足够的对接积极性。这是由于从业机构在数据规范性、数据安全性等方面与央行所主导的征信体系的基础要求还存在错位，互联网行业的标准业务模型还没有统一，仍处于起步阶段。因而从业机构也很难与中国人民银行征信体系实现对接，但是由于市场需求的存在，导致从业主体不得不从其他渠道获取征信数据来源。

3. 公共征信机构缺乏竞争，运营效率和产品丰富度有待提高

作为中国人民银行直属事业单位和唯一的全国性公共征信运营平台，中国人民银行征信中心由于缺乏竞争导致产品单一，人才吸引力有限。首先，由于缺乏竞争，该征信系统向用户收取的查询成本过高，在征信产品设计、系统使用的便捷性、系统运行效率和技术硬件升级方面还有较大的改进空间。比如，目前个人征信报告查询，采用的是"当日申请，次日获取"的形式，对具有场景化和实时性的互联网信贷业务支持不足。其次，中国人民银行征信中心目

前提供征信产品较为单一,缺乏征信量化评分与场景化和个性化增值征信产品和服务,难以满足目前国内普惠金融业务快速增长带来的多元化征信需求。相比之下,西方发达国家的民营征信企业提供了多层次面向个人和企业的具有特殊性的征信和咨询服务。最后,事业单位的薪酬体系和激励机制难以吸引国际上有竞争力的征信人才,阻碍了适用于中国社会的征信技术和产品的研发。

国外的公共征信机构也存在由于缺乏竞争导致效率低、信用报告价格偏高的问题。例如,美国的三大征信机构(益百利、艾可飞、全联)在个人信用报告提供上就存在着收费高、速度慢的问题,不仅一年要花费几十美元,而且无法做到随时了解个人的信用记录,需要等报告寄送过来。而美国的民营征信公司,例如Credit Karma等征信创业公司不仅提供免费的信用报告查询服务,而且可以实时地在线查询。

(二)互联网金融发展为个人征信带来新的机遇

1. 互联网金融迅速崛起,需求缺口倒逼征信革新

目前,中国征信市场仍处于行政主导阶段,大量数据尚未得到高效使用,但互联网金融业务的爆发式增长引致巨大征信需求,征信体系亟待革新。以P2P平台为例。首先,P2P平台对外宣传的重要优势是手续简便,放款时间快。因此平台需要有效获取个人信用信息,以便在后续工作中提高工作效率。其次,大多数P2P平台客户属于小额借款,贷款发放后很难再要求客户定期提供个人信用报

告。而为了提升放贷后的管理水平，就很有必要获取个人信用信息来使 P2P 平台及时掌握贷款客户信用记录变化情况；同时，P2P 平台的催收团队在具体执行中并不是非常有效。获取个人信用信息使客户违约成本大幅提升，贷款不良率将明显下降。最后，对于已经形成一定业务规模且经营较为规范的 P2P 平台来说，满足其对个人信用信息的需求，是提升企业竞争力的保障。因此，现实中存在巨大需求缺口，这是新征信体系建立与发展的强大动力[①]。

同时，个人征信服务市场需求的另一个助推因素是准借贷业务的快速发展。随着经济和社会的稳定发展，人均收入不断提高，消费场景日趋丰富，这些因素交错影响，共同推动了个人消费文化的盛行。

2. 大数据应用也为征信带来新的价值

随着大数据技术在各行业的深入应用，大数据俨然成为降低征信成本、提高征信效率的重要渠道。大数据改变了具体的运作模式，新的数据运作模式使快速、低成本的试错成为可能。

一方面，数据数量上的增长提高了征信评价的精度。大数据通过数量的积累，提高了数据分析对质量的宽容程度。过去由于数据采集成本较高，人们大多通过抽样和截取的方式来制作样本。在大数据时代，人们有条件去获取全过程的信用数据，提高分析的准确性。

另一方面，大数据的发展促进了征信数据逐渐朝着多元化的方

---

① 倪海鹭：《P2P 网络借贷平台征信需求与管理研究》，《征信》2014 年第 5 期。

向发展。过去数据分析的能力相对有限，因此传统的个人征信数据主要是准确的、可量化的金融数据。大数据技术的发展将数据收集的范围拓宽到一些非金融领域，例如微信、微博等社交平台数据，通过挖掘其隐含价值，催生出数据应用的新视角与新方法。

3. 信息技术进步提升征信体系的分析和运营

信息技术的发展打破了数据的时空维度，为征信数据的储存提供了硬件保障，极大程度地降低了数据获取和处理成本。具体而言：

第一，移动互联技术突破了空间和时间维度的限制，保证了数据的实时性。征信网络能够在全国范围采集信用信息，支持全国范围的商业银行等机构的信息服务供应，极大地提高了征信服务的便捷性。同时，在云计算、流处理和内存分析等众多先进技术的支撑下，实时分析征信数据成为可能，并可通过使用持续的增量数据来优化结果，即不仅限于信用数据采集阶段。

第二，先进的云平台等大规模存储技术为征信业务提供了硬件保障。一些大型征信机构纷纷通过利用云计算等各种新型的科学技术建立了庞大的数据库来进行信息的高效存储，依托于此，机构不断地采集、储存数亿人规模的信息，最终为自身金融活动提供风险防控的基础设施。

第三，信息技术极大程度地降低了各个机构对征信数据进行获取和处理的必要成本。在数据挖掘与巨额投入画等号的时代，企业往往将有限的数据处理资源集中投入高端客户中，即寻找可能产生大机会的"大客户"，以获得良好稳定的投入产出比。而在大数据时代，通过数据挖掘技术，数据获取和处理成本大幅度下降，数据中大量存在的"小机会"此时可以累积起来，从而实现质的飞跃。① 机器学习和人工智能等技术降低了数据分析的成本，由机器代替人工实现对超大量信息数据的处理挖掘和风险分析。

4. 政策环境不断完善，个人征信有法可依

2013年2月25日，《中国人民银行办公厅关于小额贷款公司和融资性担保公司接入金融信用信息基础数据库有关事宜的通知》提出了对诸如小额贷款公司等小微金融机构接入征信数据的准入标准，满足后可以接入金融信用信息基础数据库。

2013年3月15日，在征信行业具有重大意义的首部条例——《征信业管理条例》（以下简称《条例》）终于发布。《条例》明确了中国人民银行为监管部门，并制定了征信业的制度规则，有利于形成一个管理有序、征信合规的征信市场，征信机构、信息提供者以及信息使用者各方均受益。

2013年11月15日，与《条例》相对应的另一部管理办法正式出台——《征信机构管理办法》。该法规作为《条例》的配套制度，进一步明确了监管要求，并指明了未来个人征信市场的发展方向，十分清晰地指出要设立个人征信机构及相关条件，甚至还对其管理人员的设置提出具体任职要求。

2014年6月14日，《社会信用体系建设规划纲要（2014—2020

---

① 资料来源：《互联网金融背景下的金融机构如何使用大数据？》，金融中心信息网，2015年。

年)》发布,这个具有总揽性的纲要文件提出建立一个全国范围的各信息主体之间相互协调交流使用的信用信息共享机制,并希望通过这种共享形成一种具有基础性法律法规和标准体系的全社会征信系统。

2015年7月18日,《关于促进互联网金融健康发展的指导意见》针对中国互联网金融健康发展提出了一系列具有指导性的总体意见。例如针对信用基础设施建设、互联网金融配套服务建设等。该意见同样鼓励建立一个信息共享平台并鼓励相关机构接入中国人民银行的征信数据库,放开一定的征信业务许可。

以上多项政策法规的相继出台与实施,表明了在互联网金融迅速发展的背景下,国家对于尽快筹建和完善新型征信体系的重视和支持,这些法律法规也在行政层面上为中国个人征信的发展和新型征信体系的建设提供了比较强有力的政治保障。

三 中国人民银行征信中心应对互联网金融发展的新动向

如今,互联网金融发展迅猛、民营机构个人征信试水,中国人民银行征信中心从产品种类、信息来源、系统建设、用户类型、服务质量等多方面入手,意在确立自身在个人征信系统中的核心地位。中国人民银行征信中心试图以金融主干网络建设作为基础,以小微金融机构互联网征信平台为补充,建立和完善征信系统。

（一）推广征信应用增值产品

随着互联网金融的发展，中国人民银行征信中心开始大力推动个人征信增值产品的开发和推广，并将个人征信系统与企业征信系统接通以满足小微客户需求。目前中国人民银行征信中心个人信用报告等基础产品使用较为广泛，但除此之外，中国人民银行征信中心对于个人征信增值产品的开发还处于初级阶段。而随着民营个人征信牌照发放提上日程，中国人民银行征信中心也开始在互联网金融的倒逼下大力推动个人征信增值产品的开发与推广。同时，个人征信系统与企业征信系统的数据相通也成为中国人民银行征信系统填补小微客户领域空白的重要着力点。

目前，"个人征信业务重要信息提示"和"个人信用报告数字解读"这两类是个人征信领域处于领头地位的增值产品。为了大力推广这两项产品，2015 年以来，中国人民银行征信中心在天津、上海、济南等地召开服务座谈会，依次就征信产品如何投入应用和如何提供更好的服务交流经验、征求意见和建议。该项举措促使各类金融机构将"个人业务重要信息提示""个人信用报告数字解读"等产品融入信贷业务流程，并且在授信管理、主动预警、建立台账等多个环节收到了明显的效果。同时，随着增值产品在新老客户中覆盖率的提高，模型也展现出优异的区分能力和风险排序能力。部分银行也开始探索借助"数字解读"进行差别化利率定价的方案。

此外，通过互联网征信平台采集新型征信信息，开发适用于小微企业征信的新应用也成为2014—2015年度征信中心的工作重心。截至2014年，中国人民银行征信中心探索开展针对企业与个人征信系统的一个联动发展，整合企业系统的小微企业信息和个人征信系统中对应企业实控人、法人等关键人物信息，研究开发小微企业信用报告。现已开放给三家机构试用，2015年下半年逐渐推广到全国范围使用。

（二）接入更多新型的金融机构

2014年以来，为了将征信中心建立成金融业统一的征信平台，中国人民银行征信中心也开始抓紧将证券机构、融资性担保公司、保险机构、村镇银行、小贷公司等纳入中国人民银行征信系统。截至2015年8月，已有平安保险、众安财产保险、中信证券、海通证券等多家机构正式接入或者准备接入征信系统。针对小额贷款公司、融资性担保公司等这些规模较小的小额授信机构，征信中心采用多种方式协助其进行征信信息对接，除直接专网接入征信系统还设立了升级征信系统平台接入、互联网接入等多种方式来进行征信信息收集和交换。其中，互联网接入平台具有成本低廉、简单便捷的特点，试点效果良好，中国人民银行征信中心正在全国范围内大力推广这种接入方式。此外，为了进一步扩大个人征信在农村地区的覆盖率，村镇银行接入央行征信系统也是征信中心2015年度工作的重点。在2015年5月召开的村镇银行接入征信系统座谈会上,中国人民银行征信中心表示其一直致力于为村镇银行接入征信系统提供更加便利的条件,帮助村镇银行尽快接入征信系统,完善信用信息数据库的建设和应用,不断提高信用服务水平。

(三) 建设网络金融征信系统

为了应对互联网金融领域的不断变革,中国人民银行征信中心联合上海资信有限公司开始大力建设符合现代发展的新型网络金融征信系统。2013年6月,中国人民银行征信中心在经过长期研究和实验后推出了一套整合P2P平台客户信息的新型网络金融征信系统(简称NFCS),并向各个接入机构提供无偿共享,为P2P平台准确地评估授信对象、防范信贷风险等提供了极大的帮助。2014年中国人民银行征信中心基本上完成了对新金融征信系统的建设工作,2015年7月已接入近600家P2P平台,拥有246家报数机构,包括81.5万贷款者,总贷款余额逾390亿元;已为129家机构提供查询服务,累计查询次数158万次,日均5900次。[①]

(四) 加强助推小微企业的征信服务

在互联网金融蓬勃发展与中国经济转型的情势下,中国人民银

---

① 数据来源:中国人民银行征信中心:《王晓明书记在2015年全国性银行征信系统建设应用工作座谈会上的讲话》,2015年。

行征信中心也开始加快推进以前不够重视的中小企业贷款融资业务。中国人民银行征信中心在2015年工作计划中提出，要加快开发小微企业信用报告等业务，加快实现个人与企业征信系统在统一层次下的一种联动，以期从一个全新的、更加全面的角度来反映企业的信用情况。另外，要优化两个平台的功能，同时推动法律制度环境和配套制度的建设。具体地说，一是要推动动产融资统一登记平台的建设，使得中小企业能够运用更多的动产进行融资；二是完善应收账款融资服务平台的建设，以提供更有价值的服务，密切对接平台与融资交易流程，向交易双方提供更多增值服务，提高客户黏性。同时，中国人民银行征信中心也将继续推进这两个平台在全国范围内的应用推广和对外合作，扩大融资服务平台的规模效益。

◇◇ 四 民营个人征信的发展

（一）个人征信市场化背景

在2015年以前，中国个人征信市场化程度很低，中国人民银行征信中心和上海资信有限公司是仅有的两家拥有提供个人征信服务资质的机构。其中，中国人民银行征信中心又是专门进行建设、日常运行和定期维护中国企业和个人信用信息基础数据库的主要机构。

2015年1月5日，中国人民银行印发《关于做好个人征信业务准备工作的通知》（以下简称《通知》），要求以芝麻信用管理有限公司（下称"芝麻信用"）为代表的八家民营机构（名称详见第三章附录）为个人征信业务做好准备工作，期限为六个月。《通知》明确各个机构的准备工作要严格依照《征信业管理条例》和《征信机构管理办法》来依法进行，确保最终能够达到法律及法规的相关要求。这表明，这八家民营机构将有可能取得个人征信牌照，成为我国第一批商业征信机构。与此同时，上海资信有限公司也继续开拓市场化业务，和其他持牌机构一样参与市场竞争。

在上述八家民营机构中，芝麻信用的工作进度领先于其他七家。在中国人民银行通知发布的第三天，芝麻信用评分就已正式上线，这也是中国首个个人信用评分，随后考拉征信在3月底推出"考拉分"。此外，比较早推出相关服务的还有中诚信征信，其5年前就开始向银行提供相关个人信用服务，前海征信、腾讯征信产品正在进行内测。

同年5月，中国人民银行对这八家初步获得资格的民营机构进行中期检查。检查以机构汇报和现场稽查为两大主要形式，围绕综合业务、组织架构、内控制度以及技术支持这四个方面展开。因业务开展的时间和基础不尽相同，此次检查结果虽较年初有所改善，但各个机构相差巨大，中国人民银行点名其中一两家机构加快准备进度。

7月初，中国人民银行对八家机构完成了牌照验收工作。中国人民银行验收包括两部分：一是业务端，包括数据的来源、模型、技术支持、产品以及合作机构；二是企业组织架构建设，包括企业组织架构、管理制度、管理团队等，验收重点放在合规性和信息安全上。目前，前期准备均已完成，为便利后续展开全新征信业务，八家机构正在积极开拓合作伙伴。

同年8月，八家机构在最后一次验收结束后都补充了申报材料，对以前不完善的地方进一步地完善。但是个人征信牌照仍未正式下发，且此次中国人民银行可能只会下发6个或7个征信牌照，个人征信市场格局仍面临较大不确定性。

12月初，《征信机构监管指引》（以下简称《指引》）赶在民营征信牌照下发之前发布，试图从公司治理、风险保证、股东转让等方面对民营征信机构进行管理，减少相应风险，规范即将开闸的民营征信市场。但是《指引》并未对征信机构后续如何退出征信行业做出制度性安排及相应规定。因此，我们可以认为《指引》仍然只是一个指点和引导，后续中国人民银行还会就征信行业内的监管发布细则。

（二）八家民营征信机构业务特点

1. 股东背景

在个人征信民营化进程中，首批八家民营征信机构各自具备不同的特点，在征信业各个方面的竞争也都在逐步差异化。按照业务模式特点，可以将八家机构分为三类：新型的互联网和金融巨头、传统类型的征信评级公司和其他类型的新兴机构（详见表3-1）。

表 3-1 八家民营征信机构类别

类别	征信机构	成立时间	控股股东	其他情况
互联网和金融巨头	腾讯征信	2015年3月	腾讯集团	合作伙伴众多,包括商业银行、消费金融公司、小贷及P2P公司、保险公司、金融服务公司等一系列金融机构
互联网和金融巨头	芝麻信用	2015年1月	阿里巴巴集团	依托阿里电商交易数据、第三方信用评估及信用管理机构
互联网和金融巨头	前海征信	2013年8月	中国平安保险(集团)股份有限公司	深圳市平安金融科技咨询有限公司、深圳市平安置业投资有限公司两家公司共同持有股份
传统征信评级公司	鹏元征信	2005年4月	鹏元资信评估有限公司	受深圳市政府委托,深圳市个人征信系统,由鹏元资信评估有限公司承建
传统征信评级公司	中智诚征信	2013年9月	民营资本	民营第三方征信公司,团队主要研发人员均参与过央行征信系统开发
传统征信评级公司	中诚信征信	2005年3月	中国诚信信用管理有限公司	—
其他新兴机构	考拉征信	2015年1月	联想集团	—
其他新兴机构	华道征信	2013年11月	深圳银之杰科技股份有限公司、北京创恒鼎盛科技有限公司、清控三联创业投资有限公司、新奥资本管理有限公司	—

资料来源:各公司官方资料。

2. 数据资源

从数据上看，腾讯征信、芝麻信用及前海征信充分利用集团内部数据，在数据资源上占据很大优势。其中腾讯征信以社交性消息为主导；芝麻信用结合支付宝平台，拥有大量支付信息；前海征信则结合平安系的优势，拥有大量线上线下高质量交易类数据。同时，这三家机构也注重外部数据的引入。此外，鹏元征信、中智诚征信、中诚信征信和华道征信这四家公司则是作为第三方平台，利用公共的大数据来进行数据收集和处理。考拉征信较为独特，除了享有支付业务带来的中国最多的跨行转账数据之外，同时通过引入股东实现了数据拓展。

腾讯征信拥有腾讯包括社交、支付、通信和娱乐方面的庞大用户群体及海量数据，数据源多样数据量巨大。其中，数据来源就包含了 QQ 和微信两类共计超过了 17 亿的月活跃用户（其中 QQ 8.99 亿，微信 8.06 亿）[①]，具体的产品还包括腾讯 QQ、QQ 空间、微信、财付通、腾讯视频、腾讯游戏等一系列社交、娱乐和支付类型的应用和软件，并且覆盖 Q 币、微信支付等的用户支付记录。与此同时，腾讯征信将其得天独厚的海量社交数据与投资、理财、生活等其他数据巧妙结合，全面补充了在央行信用信息中缺失的年轻用户和学生用户记录。[②] 除此之外，腾讯还与其他机构开展合作，引入

---

① 数据来源：腾讯 2016 年第二季度财报。
② 张雨忻：《央行开启个人征信大门，阿里、腾讯或坐上首批八席》（http://36kr.com/p/218422.html）。

了大量的外部数据来进行补充,其中包括社会经济(如教育机构费用等)、中国人民银行以及其他信息公司。

芝麻信用的核心数据来源于其集团内部形成和拥有的阿里平台电商的交易数据以及蚂蚁金服的互联网金融数据。此外,从外部引入最高法老赖、工商注册、水电煤交费、社保、公积金、税务缴纳等公共机构数据以及行业合作的共创数据,并结合用户自主上传的数据,涵盖购物、出行、住宿、转账支付、投资理财、生活、公益等数百种场景。目前外部合作的数据机构数量,已经占芝麻数据合作伙伴的90%以上。

前海征信尽管在用户覆盖度上不如前两者,但其60%的数据来源于平安集团内部的海量线下和线上金融数据,多为高质量的交易类数据。此外,前海征信引入合作部门单位及50多家合作金融公司的数据,数据来源也是比较广泛。其中就包含公安、法院、工商、教育部、社保、银联、运营商等多类性质的机构,并结合从外部网络公开获取的及客户主动提供的数据,也涵盖车险违章等信息。[①]

鹏元征信、中智诚征信及中诚信征信作为三家老牌征信公司,均拥有一定的数据基础,但在数据来源方面依然存在较大差别,其结果也有所不同。首先,鹏元征信成立最早,其自主研发了个人征信系统,以此带来的公共大数据平台是其主要数据来源。其次,中智诚主要致力于反欺诈相关工作,因此其以互联网金融机构的反欺

---

① 刘雪峰:《征信行业深度报告(上)——征信商业模式、数据来源和产品分类》(https://wx.jdcloud.com/zixun/article-119973.html)。

诈云平台和P2P网贷作为数据收集和建设的主要来源。最后，中诚信征信的优势是具备独立民间征信数据，但其数据主要依托于第三方，包括与合作伙伴互换、数据采购（公安部、垂直电商数据等）、外购多方数据源、用户授权、网络公开爬取等模式，覆盖范围包含国内百余家中小银行。①

华道征信本身并不拥有任何信息，数据归属于与华道征信合作的各个机构，华道征信仅作为独立第三方平台收集数据。其进行收集和相关处理的数据类型有公安司法、银行信贷、网络痕迹和公共事业数据等。②

考拉征信在数据来源上借助股东拉卡拉支持，可获得平台上亿个人用户、百万线下商户相关数据，是中国拥有跨行转账数据最多的公司。涉及大量线下信用卡还款、转账汇款、生活缴费、电商消费及信贷理财等业务，以及公共部门和其他行业合作数据。考拉征信的特色在于引入股东拓展数据，其五家股东中有四家是上市公司，且能共享拓尔思、蓝色光标等四大股东数据。③

3. 征信产品

在征信产品领域，多数机构都结合自身的数据来源优势与特定场景选择，制定了各自针对个人信用的评分体系。腾讯征信、中诚信征信、鹏元征信、华道征信这四家公司均在征信产品领域结合自

---

① 资料来源：《中诚信如何做个人征信》，财新网，2015年。
② 资料来源：《大数据征信系列报道（1）：华道征信如何运作?》，网易科技，2015年。
③ 孙陶然：《个人征信业务如何脱颖而出》（http://tech.gmw.cn/2015-01/28/content_ 14667551.htm）。

身数据来源优势开发出了个人信用报告产品。

芝麻信用推出的芝麻信用分具有首创意义,是中国首个从多维度考察个人信息并针对个人信用状况进行评估评分的个人信用评分。芝麻信用借鉴国际上通行的信用评分,将个人的信用考察进行初步的划分,分出了信用历史、履约能力、行为偏好、人脉关系和身份特质五个维度来进行细化的衡量,用直观的方式表现个人信用水平高低(分数区间350—950分)。① 类似地,前海征信推出了定位于借贷金融场景的"好信度"(Credoo)个人信用评分;鹏元征信推出了主要基于银行信用信息来对个人进行打分的"鹏元800"个人评分;中诚信征信基于十多年个人信用评价实践推出了"万象分";考拉征信针对企业、商户和个人分别推出了四种"考拉分";华道征信的"猪猪分"则是首个针对租房的信用分;中智诚征信也推出了针对个人和小微企业的评分产品。

腾讯征信则采用出具个人信用报告而非信用分的形式,对用户进行信用评级,最高为7星级。腾讯征信利用其大数据平台TD-BANK(腾讯实时数据接入平台),综合消费、财富、安全、守约四个维度进行信用评级。根据不同的信用星级,腾讯征信提供不一样的授信额度并推荐不同的金融产品。此外,其他三家公司中诚信征信、鹏元征信和华道征信也都根据自身情况开发出了类似的征信报

---

① 高国华:《解构芝麻信用:互联网+大数据模式下的征信》(http://www.financialnews.com.cn/if/201508/t20150817_82271.html)。

告服务满足客户的需求。①

此外，芝麻信用还开发了包括反欺诈信息验证、芝麻信用元素表、行业关注名单在内的多元化征信产品，同时积极拓展合作伙伴。其在互联网金融领域的合作伙伴有团贷网、优信金融、手机贷、积木盒子、融360、银湖网、叮当钱包等。在商业银行方面，联手北京银行在传统金融领域打造"全能智慧信用卡"来实现与现代科技的结合。同时，前海征信还推出了"好信黑名单""好信贷中监控"等行业类产品，以及"好信地址通""好信身价雷达"等通用类产品。中诚信征信也将提供个人信息查询、风险信息查询及互联网身份验证等服务。

4. 反欺诈防护

除考拉征信外，其他七家机构都推出了各自的防欺诈防护机制，其中腾讯征信、芝麻信用、中智诚征信、前海征信四家在反欺诈领域开展的相关工作最为完善，值得借鉴。

腾讯征信的反欺诈系统是中国首个基于互联网数据的反欺诈系统，主要以证券、银行、消费金融、保险、P2P等为服务对象。通过欺诈风险测评模型给出客户风险等级，接入系统的合作伙伴可方便地查询到评估结果，对欺诈风险等级高的客户提高警惕，防范欺诈风险。②

---

① 融360：《腾讯信用评分星级怎么算的?》（https://www.rong360.com/gl/2015/07/28/74687.html）。

② 资料来源：《腾讯征信与广发信用卡开展合作 开创互联网金融新局面》，中华网，2015年。

芝麻信用反欺诈信息验证通过互联网信息技术构建用户关系网络，可作为各大机构风控的第一道防线。芝麻信用反欺诈信息验证系统基于芝麻信用丰富、实时、多维的内外部数据，使用链接分析、路径分析、群集分析等图算法，融合用户、地址、媒介、资金4张关系网，形成容纳超500亿对关系的一张庞大网络，可以对客户信息进行有效验证，可以作为银行、消费金融和各类互联网金融机构、电商导购等商家进行风险控制的第一道防线。通过接入芝麻信用反欺诈信息验证系统，合作银行虚假办卡识别能力提高3倍，审批通过率提高8%，逾期率降低18%，节省获客成本20%。

前海征信开发的"好信认证"通过大数据技术，实现多源线上身份识别、交叉认证，降低线上业务身份欺诈风险。该插件综合分析人脉信息、位置轨迹、消费等级、线上身份、联系信息和信誉记录等。获得好信认证授权的用户，其欺诈风险较低。①

中智诚征信反欺诈云平台主要面向P2P和互联网金融机构，在反欺诈规则上，客户可选择使用默认规则或自行设计添加反欺诈规则。同时，依托独有的中文模糊匹配算法、实时动态Profiling技术、分团及关联分析等核心技术，平台还在基本规则之外提供行业内黑名单匹配、多维身份认证、欺诈案件管理等多样化的相关反欺诈功能来满足客户多样化需求。② 该平台在实践中也有比较好的表现。

除此之外，鹏元征信推出了企业和个人反身份欺诈服务；中诚

---

① 资料来源：前海征信官网。
② 刘晓朋：《中智诚征信首揭"面纱"发布反欺诈云平台》（http://www.xinhuanet.com/fortune/2015-06/10/c_1115576766.htm）。

信征信应用生物技术等，为客户提供反欺诈服务，进行有效的贷前风险识别；华道征信在建立"防火墙"机制保护用户隐私的同时上线了反欺诈平台，实现进一步的安全防护。

5. 身份核实

在身份核实方面，腾讯征信、芝麻信用、前海征信依托自主研发的生物识别技术取得了一个较为领先的地位。腾讯征信的人脸识别系统依靠公司反欺诈技术、实时在线校验身份工具和黑名单库，与公安部全国公民身份证号码查询服务中心开展合作，实现了将数据库与公民身份证信息、人脸扫描图像等相关信息作一些交叉比对，准确率高达99.65%，并可以实现7×24小时的数据库对接。

与此同时，芝麻信用已建立基于生物识别、7×24小时在线运算的身份核实体系，利用包括指纹、人脸、虹膜和声波等生物特征进行个人识别，将人与账户和设备关联起来。结合账户行为分析，系统能通过判断行为异常或安全隐患辅助反欺诈识别。①

前海征信研发了好信生物特征识别平台等功能性插件进行客户身份核实。好信生物特征识别平台也具有多种特别的生物特征识别技术，其具备专业的人脸识别、指纹识别、虹膜识别、声波识别等技术，可在线识别用户的身份，有力控制与防范风险。②

6. 应用场景

在应用领域，八家民营征信机构在生活场景与金融领域两个方

---

① 高国华：《解构芝麻信用：互联网+大数据模式下的征信》（http://www.financialnews.com.cn/if/201508/t20150817_82271.html）。

② 资料来源：前海征信官网。

面各有侧重，拥有互联网金融背景的公司侧重于生活场景服务，依托政府背景或传统金融机构的公司则侧重于金融领域。例如芝麻信用、腾讯征信、考拉征信和华道征信四家公司都是人们熟知的具备互联网金融背景的公司，在数据来源上具备优势，目前主要侧重于生活场景领域。如"芝麻分"主要应用于依赖身份验证、反欺诈、信用决策的生活类场景中，包括租房、租车、旅游、酒店、签证、购物、社交、金融、婚恋等多个生活类场景和各种类型的领域，而华道征信侧重租房客，通过给房东和租客配置"猪猪分"来帮助解决房屋租赁市场矛盾。与之不同的是前海征信、鹏元征信、中诚信征信和中智诚征信这四家依托于政府背景或传统金融机构的公司则更看重金融领域。前海征信背靠平安系，以小贷公司、网贷平台等为目标客户，集中面向机构提供产品，现已与近两千家银行、互联网金融公司等相关机构方面签约来拓展其目标客户与服务对象[①]；鹏元征信在金融领域知名度和美誉度颇高，其开发的鹏元征信系统广泛应用于银行信用卡发放、电话开户、贷款审批、人事落户、政府奖项评定、投资担保、典当融资、求职招聘等各种场景和类型的相关领域[②]；中诚信征信主要与电商平台企业和地方中小金融机构开展相关合作工作；而中智诚征信反欺诈业务则主要针对的是 P2P 同业征信的相关情况。

---

① 韩祎：《前海征信邱寒：服务金融场景，数据更重稳定性》（http：//finance.caixin.com/2016 - 11 - 02/101003105.html）。

② 资料来源：鹏元征信有限公司官网。

第三章附录

首批八家民营个人征信机构简介

◇ 一 腾讯征信有限公司

腾讯征信有限公司（以下简称"腾讯征信"）成立于2015年3月，是腾讯集团旗下的一家民营性质的征信公司。该公司通过分析用户的线上行为，为用户提供征信报告，使得信用服务成本大大降低。目前，该公司的数据已经通过了多家大中型信贷机构的验证，并与商业银行、保险公司、金融服务公司、P2P及小贷公司等多家金融机构开展相关产品合作，并且合作基本进入后期产品调试和适用阶段。

（一）数据资源

腾讯征信的数据从内容和来源上看，大致可分为腾讯信息和非腾讯信息。其中腾讯信息为主体，主要来自腾讯旗下各种类型通信游戏等产品如腾讯游戏、腾讯QQ、微信和QQ空间等,包括社交、支付(Q币、微信支付等)、通信和娱乐等方面。非腾讯信息即从非腾讯平台获取的外部数据,包括社会经济数据(教育花费、机票交易等)、中国人民银行定期公布的数据和其他信用评估公司数据。

腾讯的用户量和积累的社交数据,是腾讯征信的独特优势。一方面,腾讯拥有8.99亿QQ月活跃用户、8.06亿微信月活跃用户的支持,[①] 同时在门户、娱乐等领域的用户规模也是最大的;另一方面,这些活跃用户主要是年轻人和学生,他们在使用产品的过程中留下了很多在中国人民银行个人信用信息数据库都没有记录或者记录较少的有价值的信息。因此相对而言,腾讯征信资源更加丰富多元。

(二)征信产品

腾讯个人征信不采用如芝麻信用般的打分方式,而是采用出具信用报告的形式,对用户进行信用评级,最高级别为7星级。信用评级由四大指数综合评估得出:一是财富,包括用户在腾讯产品内的理财记录及各项资产构成等;二是消费,包括用户在QQ和微信的支付行为及偏好;三是守约,指用户的消费贷款、房贷、信用卡是否按时归还;四是安全,指用户的财付通账户是否有数字证书和实名认证等。腾讯征信根据不同的信用星级,向用户推荐不同的金

---

① 数据来源:腾讯2016年第二季度财报。

融产品，提供不同的授信额度。

同时，腾讯征信采用机器学习和统计学等方法，充分利用其大数据平台 TDBANK 的优势，在多个数据源中采集用户相关行为数据并处理，从而得到用户的信用评分。多家金融机构的数据验证表明，腾讯征信的信用评分性能稳定，① 而且信用预测效果适用于商业银行，可以与银行的评级体系交叉互补从而使得银行更准确对个人信用进行评判，挖掘出有发展潜力的客户。

（三）安全防护

为了防范风险，腾讯征信开发了反欺诈系统和人脸识别系统。

反欺诈系统服务于银行、证券、保险、消费金融等金融机构，是我国第一个通过互联网数据的处理识别欺诈客户的系统。该系统通过建立不同角度的反欺诈规则与模型，向合作伙伴提供接口以实时查询。欺诈测评通过评估客户的欺诈风险给出客户的欺诈评级，评级越高欺诈的可能性越大，从而帮助企业识别欺诈用户或者组织，避免资金损失。

人脸识别主要服务个人用户，用于身份验证。该系统依靠腾讯的黑名单库、实时在线校验身份工具和先进的反欺诈技术，结合自身建立的图形数据库与图形技术算法，并与全国公民身份证号码查询服务中心合作，实现将自有的数据库与用户的身份证信息、人脸

---

① 邓莉苹：《腾讯征信：用大数据为个人用户打分》（http://bank.hexun.com/2015 - 01 - 14/172349769.html）。

扫描图像进行交叉比对验证进而最终达到人脸识别的目的。

◇ 二 芝麻信用管理有限公司

第二家比较出名的民营征信机构芝麻信用管理有限公司（以下简称"芝麻信用"）是蚂蚁金服旗下独立的第三方信用评估及管理机构，成立于2015年1月。通过云计算、机器学习等科学方法客观公正地呈现小微企业和个人的信用情况，形成了一套完整的产品线，从个人芝麻信用评分到反欺诈信息验证再到行业关注名单。目前，芝麻信用已经在上百个场景从学生服务、酒店、租车到信用卡、抵押贷款等为个人和企业提供信用服务，降低了交易成本。

（一）数据资源

芝麻信用数据来源多样化，获得用户授权后，众多交易数据将纳入芝麻信用的数据评分系统。具体包括线上线下的消费数据（含淘宝、天猫等网购数据）、金融数据（含4.5亿的支付宝实名用户数据）、公安部人口户籍、最高法老赖、教育部学历、工商注册等公共机构数据，消费金融、租车、租房等合作伙伴数据，以及各种用户自主递交的车辆、职业信息等，涵盖支付、投资理财、生活、公益、购物等数百种场景数据。目前外部合作的数据机构数量，已经占芝麻数据合作伙伴的90%以上。

(二) 征信产品

芝麻信用依托技术人才,已推出芝麻信用评分、反欺诈信息验证、行业关注名单等产品和服务。芝麻信用2/3以上人员是数据科学家和技术骨干,其中不乏具备国际风险管理和信用管理系统建设经验的全球顶尖数据科学家和金融行业翘楚,信用评估过程中结合了传统的评估方法和"互联网+"创新技术。

芝麻信用评分应用的推出意义重大,因为它是中国首个针对个体开展和评估的个人信用评分系统。芝麻信用在获得用户授权后,利用互联网技术进行综合信用评分,具体而言:首先,在获得用户授权的前提下,收集其在线上消费及线上行为数据并结合传统银行借贷信息;其次,采用机器学习和云计算等创新技术,通过随机森林、决策树等先进的算法综合处理和评估用户在信用历史、身份特质、人脉关系、履约能力和行为偏好等方面不断形成的相关数据;最后,得出综合信用评分。该评分被称为芝麻分,分值在350—950分之间,分值的大小体现用户个人的信用状况,与用户信用水平成正相关关系。具有较高芝麻分的用户可以获得更便捷、更优质的服务。

芝麻分的构成包括五个维度:一是信用历史,包括用户在各种消费中信用账户使用情况和账户历史还款记录等。二是行为偏好,主要评估用户在日常消费、理财等活动中的偏好及稳定性。三是履约能力,评估用户的个人财富总额及日常收入的稳定性。四是身份特质，通过用户使用其他产品或服务的过程中留下的特别有价值的各种个人类型的信息来进行用户身份的一个综合的信用评估和判断。五是人脉关系，分析用户与好友的互动及好友的身份特质。

芝麻信用行业重点关注用户的违约信息，以识别高风险类型。关注名单主要从芝麻信用合作伙伴（如酒店、金融机构）、行业组织、政府机构获取用户的违约信息，重点收录用户虚假交易、套现、贷款逾期未支付等失信违约行为，通过披露这些违约行为，有助于合作伙伴建立交易联防联控机制，进而达到识别出哪些客户有较大概率属于高违约风险类型，从而预先实现降低行业交易成本等相关的目的。长期的跟踪表明芝麻信用关系关注名单起到了很好的预防效果，因为该名单上的用户违约可能性是正常用户的5—10倍。

（三）安全防护

芝麻信用获得了英国标准协会（简称"BSI"）权威评估认可，得到了ISO27001认证。这表明中国征信业在信息管理安全领域开始获得国际认可，与国际接轨。芝麻信用信息安全系统在保障用户信息安全方面举措颇多，通过七重保障来保证用户的信息安全，包括权限管理、数据处理、系统运行、物理安全、日常运营、组织体系等方面的内容；并且设有自动监控系统24小时全天候监控，该系统同时配置自动预警功能，当出现意外时报警以确保信息安全。

个人信息保护和数据安全是芝麻信用的警戒线。除非法律法规另有规定，否则没有用户的授权，芝麻信用和第三方机构都不能收集、整理、加工和输出用户信息。同时芝麻信用和合作伙伴如果希望调用相关的数据，则必须是在获得用户授权的情况下才能够实现相关的数据调用。芝麻信用通过科学专业的评分模型对数据进行运行计算，该模型还通过运算算法规则对数据进行自动脱敏处理。当然，芝麻信用明确承诺，获得授权后只会采集必要的、与用户信用评价相关的数据，而用户的社交评论、通话、短信等个人隐私信息不会采集。

基于线上申请业务风险的考虑，芝麻信用推出了一款反欺诈产品——反欺诈信息验证。商户提交用户信息，通过芝麻信用反欺诈模型进行综合判断，识别伪冒申请和潜在恶意逾期客户等，反欺诈信息验证帮助合作商户评估客户欺诈可能性，提高反欺诈识别能力。

芝麻信用反欺诈信息验证，基于芝麻信用丰富、实时、多维的内外部数据，使用链接分析、路径分析、群集分析等图算法，将用户、资金、中介和地址四张关系网融合之后形成一张可以容纳500亿对以上关系的庞大网络，可以对客户信息进行有效验证，作为银行、消费金融和各类互联网金融机构、电商导购等商家进行风险控制的第一道防线。

三 深圳前海征信中心股份有限公司

深圳前海征信中心股份有限公司（以下简称"前海征信"）2014年6月成立，是中国平安保险（集团）股份有限公司旗下的一家全资的子公司，两个股东分别是深圳市平安创新资本投资有限公司和深圳市平安置业投资有限公司，前者持有该公司90%的股份而成为其控股股东，后者则持有该公司10%的股份。丰富的风险管理和建模能力及专业大数据团队，是前海征信独有的优势。2015年8月，前海征信和陆金所宣布将合作打造出中国征信业首个提供一站式、全流程互联网投融资服务面向各类机构的综合性、现代性的P2P信息开放平台，因此被称为P2P行业的"人民公社"。

（一）数据资源

前海征信作为平安集团旗下子公司，依托其集团内部的相关数据，从而获得大量且高质量的线下和线上交易数据，来进行相关的征信信息收集和整理。数据不仅涵盖其内部平安集团银行的贷款记录和网贷业等类金融机构的借款信息，也包括一些诸如车险违章等其他类型的公开可得的非金融类征信信息。此外，前海征信的数据来源也通过与多个社会各类机构进行合作而获得，例如公安、法院、工商、教育部、社保、银联、运营商等多类型性质的机构，还包括与其他互联网机构的合作等。综合来看，数据来源分为五块，即平安系内部数据、外部网络公开获取的数据、多家合作金融公司数据、其他合作部门单位数据，以及客户自愿提供的数据。从数据的维度来说，60%是金融相关的传统数据，这一部分目前最为有效，另外40%是互联网数据等非传统数据。

(二) 征信产品

前海征信自主研发了十项征信产品并成功推出,这些产品成功覆盖贷前、贷中、贷后这三个基本流程,整个流程包括数据产品、云系统和功能性插件三大类,这也是目前市场上唯一的全流程、端到端的征信产品组合。其中,针对个人的主要是行业类产品,包括以下四类。

一是"好信度"个人信用评分,分值为300—850分,采用了与美国FICO(费埃哲)完全一致的评分标准,目前主要应用于借贷场景。该评分基于长期的金融行业经验,依靠大量的互联网行为信息和金融数据,来多维度精确刻画用户行为。并运用语义识别、情感分析等多项基于大数据的尖端技术,进行数据的多节点实时更新。二是"好信风险度提示",前海征信利用大数据技术,整合跨行业风险信息,提供行业风险度分数提示和参考服务,有助于建立跨行业的信贷风险联防联控机制。三是"好信贷中监控",主要用于实时推送监控信息,并监控贷款申请人的全方位敏感行为。四是"好信贷常客",是前海征信的主力产品之一,贷常客基于好信金融信息服务平台的数据共享,收录上千万数量级别的客户信贷记录,因此可以有效识别客户的多头借贷行为。

(三) 安全防护

前海征信研发的功能性插件,能够产生有效的安全保护作用。

其中，好信认证通过大数据技术，实现多源线上身份识别、交叉认证，降低线上业务身份欺诈风险，实现跨领域用户信息互联互通。该插件利用人脉信息、位置轨迹、消费等级、线上身份、联系信息和信誉记录等进行分析，其中如果用户的信用风险和欺诈风险较低就比较容易获得一个好信认证的信用授权。好信生物特征识别平台通过提供专业的人脸、虹膜、指纹和声波识别等技术服务，帮助金融机构在线识别客户身份，有利于控制与防范风险。

◇ 四 鹏元征信有限公司

鹏元征信有限公司（以下简称"鹏元征信"）成立于2005年4月，是由深圳市政府委托深圳市个人信用征信系统设立并交由鹏元征信有限公司承建的征信机构，也是中国第一家受市政府委托承建来开展个人征信类相关工作的个人信用征信机构。公司通过自主研发成功拥有多项核心技术，比如鹏元征信系统、评分系统、客户关系管理系统等，不过目前公司的定位正在从一家传统的征信公司向互联网化的现代类型的征信公司转变。

（一）征信系统

鹏元征信比较独特而富有创新性的是自主开发了一套针对深

圳市居民的征信系统，名为"深圳市个人信用征信系统"。该系统于2002年建成并投入实际中使用，具体操作是从政府、银行和其他社会部门采集与个人信用评价有关的各类信用信息进行集中汇总和专门加工处理，最终形成个人信用数据库，以更好地为金融活动、商业交易等领域服务。目前，该系统主要用户对象是大型的政府、银行、公共事业部门、电商等有相关需求的机构。至今鹏元征信已为用户提供不间断自动查询服务和超过7000万份信用报告。[①] 同时，鹏元征信也是我国第一个以市场化方式进行个人信用体系建设的机构，该模式被称为个人征信建设的"深圳模式"，由第三方机构来征集个人信用信息，出具信用报告并对维护当事人的合法权益。

（二）征信产品

鹏元征信在征信产品方面推出的一个比较核心的产品是名为"鹏元800"的一套个人征信评分系统。该评分系统服务于个人和授信机构，运用建立数学模型统计分析个人的信息，最终得到信用状况的综合打分，以此反映个人信用状况和未来违约的概率。评分体系分为6个等级，分数范围在320—800分，如果用户的违约风险较高，该评分系统给出的分数就越有可能偏向于低分。模型选用的变量从整体上来看大概包含了银行系统内信息的四个方面，依次包括

---

① 资料来源：鹏元征信有限公司官网。

银行信用信息、基本信息、缴费信息、资本状况四类。这四类信息中权重最大的变量是银行信用信息，其所占到的比例接近了50%，剩下三类变量所占比重则是一个大致相当的水平。如果需要评价的客户没有银行信用记录，那么模型会选取其他与银行信用相关的变量替代。目前个人信用评分已经广泛用于小额贷款、信用卡、互联网申请等活动。

除了"鹏元800"个人信用综合评分系统之外，鹏元征信自主研发了一系列产品包括信用卡风险评分、小额贷款风险评分、申请欺诈评分、催收评分和中小企业小额贷款申请评分，加上在全国范围内提供的个人信用报告服务，该公司已经拥有一套个人和企业信用评价的完整体系。

同时，鹏元征信还针对全国互联网信用风险问题提出了全套整体解决方案。该类产品和服务帮助用户简化互联网业务申请操作，降低无效申请、信息缺漏、信息输入不规范、信息虚假和信用风险等问题发生的概率。最终实现互联网业务的申请及管理流程的优化，有效识别、化解和防范客户的信用风险。

（三）安全防护

为防范个人反身份欺诈，鹏元征信推出了个人身份保护服务，为用户提供个人身份认证、申请行为分析及欺诈识别等整体服务解决方案。用户可以通过电话或者网络自助认证等方式进行认证。

◇ 五 中诚信征信有限公司

中诚信征信有限公司（以下简称"中诚信征信"）成立于2005年3月，是中国诚信信用管理有限公司旗下的一家具有全资背景的子公司。其母公司的前身是中国诚信证券评估有限公司，该公司是中国从事全国性的信用类评级、证券类咨询服务和信息类服务等业务的首家股份制非银行金融机构。中诚信征信主要服务各机构政府和企业，通过提供一种全方位信用管理咨询和信用管理软件系统开发服务来实现为企业、政府和金融机构服务和满足其相应的需求。近年来该公司也开始转变，加快发展大数据互联网征信技术。

（一）数据资源

中诚信征信与全国一百多家中小银行，以及众多拥有丰富数据的运营商积极开展业务合作，通过合作收录了大量企业和企业主信息，获得了良好的客户渠道和资源。中诚信征信通过多年业务数据沉淀积累、与合作客户（比如公安部、金融机构、电商）进行数据采购与数据互换、外部采购、计算机程序公开派取、采集用户授权数据等渠道获取了丰富的个人信用数据，形成了独立的民间征信数据库，目前该数据库信用评分体系涵盖近两亿人。此外，中诚信征信也成立了征信联盟，目前已经和70余家机构（大部分为P2P网贷机构）签订了合作协议，实现了一定程度的信息共享。

（二）征信产品

中诚信征信的个人征信产品以评分为核心，主要包括"万象分"和定制评分。"万象分"评分体系结合了公司多年为银行提供个人信用评分的实践经验和先进的互联网大数据技术，最终得出个人评分。"万象分"范围从300分至900分，从身份特质、信用记录、履约能力、行为特征和社交信息来考察个人信用。具体而言：一是身份特质，包括姓名、性别、身份证信息、婚姻状况、文化程度等与个人基本状况相关的个人身份识别与有关的认证信息；二是信用记录，分析个人在商业银行贷款、P2P等机构的贷款履约记录和非金融机构的个人缴费、赊购信息来评估其还款意愿；三是履约能力，通过分析个人经济收入、银行存款、金融证券、商业保险办理等指标来评估个人还款意愿；四是行为特征，包括分析反映个人行为偏好的事项如居住地变迁情况、消费偏好、通信行为特点、互联网行为习惯以此评估个人信用变迁趋势；五是社交信息，在获得个人授权的情况下计算机爬取个人社交应用如微博、BBS论坛、QQ等平台的资料，一次分析用户实际交际关系和社交言行特点。社交影响因素在评分模型中的比重小于5%。此外"万象分"还分析行政、民事、刑事诉讼判决等社会公共记录信息。

定制评分应用于特定的业务场景，运用多套规则引擎来匹配相应的算法，以建立不同特征的知识图谱，来得到更专业的专项评分。此外，中诚信征信还将推出不同于通信运营商信用评分的个人通信信用评分体系，这一评分在八家机构中还属首例。

此外，中诚信征信还推出了其他几类服务。比如融合征信报告服务，其中包含了能获取到的信贷信息、各类违约信息、公共记录等信息类别，这些信息维度多样，包括身份、教育、通信、消费、借贷、司法诉讼等信息；还有为用户提供涉诉信息及"黑名单"信息查询的风险信息查询服务，个人信息查询服务，包括身份、关系验证、专项信息查询（工商信息、银行卡交易信息）等；以及互联网身份验证服务，主要是运用移动设备端提供的在线扫描和快速面对面识别身份证的服务，来执行验证功能。

（三）安全防护

在贷款前期的风险识别方面，中诚信征信运用多种技术包括生物技术、多维信息联网核查、中文模糊匹配、互联网指纹等为客户提供身份验证、资料核查、负面信息核查等服务以识别欺诈者。①

◇ 六　中智诚征信有限公司

中智诚征信有限公司（以下简称"中智诚征信"）成立于2013

---

① 资料来源：中诚信征信有限公司官网。

年9月,它属于民营类的第三方征信公司。该公司征信团队成员在管理经验上比较丰富而且跨行业跨国际,一般都具有丰富的征信行业从业经验和金融行业的管理经验以及跨越中西的征信行业工作经历,更为重要的是,其主要的相关研发人员均参与过央行征信系统的开发工作,在征信系统的开放领域积累了极为宝贵的相关经验。

(一)征信产品

中智诚征信的个人征信评分基于众多变量,构建了可对全国十亿以上人口进行信用风险评估的评分模型。该评分参考了个人还款历史、贷款额度、信用账户数、个人消费行为偏好等因素最终得出征信评分,分数范围为500—900分,不同的分数代表不同的违约概率,分数越高代表违约概率越低。该征信评分适用范围广,无论是传统金融机构比如商业银行还是互联网金融等新兴金融机构均适用。

(二)安全防护

基于多年来为商业银行成功识别信用卡申请欺诈的工作经验上,针对快速发展的P2P网贷和互联网金融相关机构,中智诚征信专门研发出一个安全防护系统——反欺诈云平台。平台从源头上识别主观申请欺诈行为,帮助客户提升反欺诈能力,以合理的成本快速、高效地识别,预防欺诈行为,同时,为增强应用性,允许客户根据自身情况整合并添加自主的反欺诈规则。此外，反欺诈云平台还在满足客户基本需求的基础之上，配备了多维身份认证、分团规则算法、中文模糊匹配、跨行业黑名单匹配、实时更新的中智诚反欺诈规则流等核心技术。P2P机构和小微贷款企业在保障用户信息安全与隐私的前提下可在该平台的帮助下全面提升反欺诈能力，并与其他平台内机构共同识别并抵制欺诈行为。[①]

七　拉卡拉信用管理有限公司

拉卡拉信用管理有限公司（以下简称"考拉征信"）属于联想集团控股的成员企业之一，公司股东有拉卡拉网络技术有限公司等多个相关参股和控股的公司。考拉征信是独立的第三方信用评估及信用管理机构，拥有海量的涉及各个行业的数据库，公司高管均有多年的金融信息行业从业经验。

（一）数据资源

考拉征信在数据资源上最大的优势在于拥有大量真实的线下还款交易数据，这些数据大多来自于老牌第三方支付机构拉卡拉。拉卡拉同时具备线上和线下多个领域的业务，涉及还款汇款、生活缴

---

① 资料来源：中智诚征信有限公司官网。

费、电商消费及信贷理财等方面。拉卡拉也是中国拥有跨行转账数据最多的公司，积累了大量用户信用卡、借记卡的使用情况以及收入变化等数据。此外，拉卡拉拥有POS机使用数据和相应的时间、频率和客源类型。并且当拉卡拉小店的商户通过电商渠道购买货物，数据也会保存在销存数据中。

考拉征信的其他几家股东公司也同步共享其数据，其中若干家都是上市公司，各有数据及分析处理能力上的优势。例如，拓尔思和蓝色光标两家公司拥有较强的互联网数据抓取和分析能力，比如社交媒体数据的抓取与分析能力。此外，考拉征信还有公共部门及其他行业合作的数据，这使其在数据来源上更为丰富和多元化。总体上看，拉卡拉自有的数据占40%，其他来源的数据占60%。

（二）征信产品

从评分形式的角度来看，考拉征信设计并推出的考拉个人信用评分体系类似于美国FICO（费埃哲）信用评分体系，分数范围为300分至850分，分数的高低与信用程度的高低有着大致的正相关关系。考拉分的参考变量目前可分为五个类型：一是履约能力，如收入、资产、消费等基础信息，以及日常生活服务中的行为记录，是用户所具备的综合能力的体现；二是身份属性，指用户在线下线上使用各种相关服务的过程中留下来的相关的一些个人基本信息；三是信用记录，指用户信用账户历史及信用账户的历史还款记录；四是社交关系，分析授信用户在金融、社交等方面的特点或者偏好；五是交易活动，指用户在购物、日常缴费、银行转账、金融理财等行为中体现出来的行为偏好和稳定性。另外，征信评分也加入了社交平台中的朋友圈、评论发言、个人行为轨迹等行为数据进行分析。

考拉征信还于 2016 年 10 月 26 日推出具有开创性意义的中国第一个可用于"人际互信交换"的信用通行证产品。① "考拉信用通行证"背靠考拉征信，利用其互联网大数据资源，能够对个人的信用信息实现真实、客观地反映和认证。使用用户可根据其使用目的（如婚恋、租房、保险等），有选择性地公布自己的信息，以便快速有效地建立人与人之间的信任。"考拉信用通行证"的作用在于它不仅保护个人信息，并且有效地解决现今共享经济下人与人之间的信任问题，从而给用户的生活和工作带来便利。

除个人信用分、信用通行证外，拉卡拉还推出职业信用分及个人、职业报告等，使得个人在金融信贷、社交交友、职业招聘、日常生活中得到更优质的服务。

◇ 八　北京华道征信有限公司

北京华道征信有限公司（以下简称"华道征信"）成立于 2013 年 11 月，公司 40% 的股份由深圳银之杰科技股份有限公司持有

---

① 资料来源：人人征信。

（属于控股公司），30%的股份由北京创恒鼎盛科技有限公司持有（属于第二大股东），15%的股份由清控三联创业投资有限公司持有，最后剩下10%的股份则是由新奥资本管理有限公司进行持有。虽然华道征信是一家新兴公司，但其拥有深厚的大型企业资源，所以在获取公司独占数据上有一定优势。收购亿美软通之后，华道征信终于通过整合其已有的资源，成功构建基于互联网数据的征信体系。

（一）数据资源

华道征信的数据来源主要包括信贷数据、公安数据、运营商数据、公共事业数据和网络痕迹数据。具体如下。

一是信贷数据，通过广大的小微贷机构来收集。目前华道征信已成立同业征信联盟，其目的在于提供一个独立的第三方平台，以接进更多的P2P平台和小微贷机构。

二是公安数据，目前华道征信已经与公安部建立了紧密联系，随时验证数据。

三是运营商数据，主要通过已收购的公司亿美软通的渠道收集。银之杰旗下的亿美软通是国内最大的移动商务服务商，为超过45万家企业提供移动个性客服、移动数据采集、移动高效管理等服务，覆盖超过5亿手机用户。

四是公共事业数据，目前主要是通过其参股股东新奥集团旗下子公司新奥资本收集的燃气数据。新奥资本是国内规模最大的清洁能源分销商之一，其清洁能源产品与服务的提供范围覆盖 38000 多家工商业用户和 920 多万居民用户，服务人口 6100 多万。①

五是网络痕迹数据，主要通过与互联网巨头如百度集团、阿里巴巴、腾讯集团等合作获取。

需要注意的是，华道征信仅仅是一个独立第三方的平台，公司本身并不拥有任何信息，数据所有权依然归属于与华道征信合作机构。

（二）征信产品

基于信息主体自征信模式，华道征信研发并推出多种行业特色评分服务适用于不同的场景。华道征信产品最大的特点是具有行业针对性，根据不同行业的不同需求，侧重于不同的维度得出个人信用评分，因此应用性更强。华道征信创新了评分模式，不采用传统基于大量不相关、无意义数据进行建模评分的方法，而是重新建立行业关键信息收集渠道，实现定制打分、一行一分。②

例如，华道征信推出的信用产品"华道猪猪分"，主要面对租房细分市场。"猪猪分"最高分为 1000 分，在覆盖个人还款记录等履约历史及社交关系网络的基础上，侧重对用户行为习惯进行分析。在该款产品上，个人信用被分解为五个模块：一是身份属性，这一方面主要是姓名、性别、身份证信息等这些相对基础的个人身

---

① 数据来源：征信行业深度报告：《征信市场化开启蓝海》，2015 年。
② 资料来源：华道征信官网。

份属性信息；二是日常行为，这一方面主要来源于通信运营商拥有用户在日常使用时产生的相关数据；三是背景信息，包括个人学历、从事职业、相关的执业资格或者证书等；四是生活信用，主要来源于网络痕迹数据；五是消费水平，主要包括用户日常活动中所形成的信息如经济收入、消费历史等一些相关的信用信息。在每个模块独立评价，最终这些信息形成一个总体信用得分来实现作为用户的信用评估。

除为社会公众提供个人信用评分之外，华道征信还提供了附加的服务，即个人信用报告相关的查询类服务，这是根据中国法律的相关规定而实施的，即信息主体一年依法享有两次免费查询针对个人专门生成的个人信用报告的机会。与此同时，华道征信专门配置人员处理信息主体的异议申请。

（三）安全防护

为保护用户隐私，华道征信建立了"防火墙"机制和反欺诈平台，"防火墙"确保每一条数据的使用都必须获得用户的授权，而后者则执行进一步的安全防护功能。

第四章

发达国家个人征信体系发展模式和经验

◇◇ 一 发达国家的征信体系发展

(一) 发达国家征信体系发展历程

国外征信机构起源于19世纪,经济危机时期的大量违约使人们开始关注信用评估。在1837年金融危机和1929—1933年世界经济的大萧条期间,大量违约现象的出现引起人们对信用评估的关注,由此设立征信机构以提供信用评估服务。第一个初具规模的征信调查机构 The Mercantile Agency 由美国商人刘易斯·塔潘于1841年在纽约建立,是世界最大的企业征信机构 Dun&Bradstreet 的前身。随着经济活动越来越频繁,市场对于信贷业务量的需求急剧增长,专门提供信用评估服务的征信企业数量不断增多。一些优秀的企业也在竞争中不断壮大,例如作为目前美国三大征信公司之一的 Equifax，在1960年成为美国最大的零售信贷公司之一。

20世纪60年代，由于缺乏相应的监管和法律约束，征信机构中出现的侵犯消费者行为导致整个行业受到公众的质疑。为规范市场，美国在1970年推出《公平信用报告法案》，之后美国和其他一些国家又出台了多部法律约束征信公司的行为。这些法案的出台和实施导致1960年以后征信公司的数量开始减少，并最终通过不断兼并形成了行业内的寡头企业，其中比较著名的寡头包括美国的三大征信公司和德国一家独大的Schufa。也有发达国家为了保护消费者权益直接将征信业务收为国有，法国的征信行业就完全由政府主导。

21世纪以来，科技进步为征信公司带来新契机。一方面，征信公司的业务范围进一步拓展，反欺诈、身份验证、市场营销等基于大数据分析的服务开始陆续出现在征信公司的业务栏中；另一方面，新型互联网征信公司（如Zestfinance等）不断涌现，利用更多元的数据和更新颖的商业模式冲击传统的征信市场。不过总体而言，由于发达国家的征信行业已经比较完善，其行业结构和服务内容并没有因为互联网时代到来而发生颠覆性的改变。

（二）发达国家运行模式

目前，国际上共有四种主流征信模式：第一种是市场主导型，主要由私营机构负责；第二种是政府主导型，主要由公共部门负责；第三种是混合型，由公共和民营机构共同负责；第四种是会员制,主要由行业协会负责。

1. 市场主导型征信模式

在市场主导型模式中,私营机构是征信工作的主体。这些机构一般通过从公共部门、金融机构和消费者个人手中购买数据,然后将数据整合成征信产品,再卖给政府、金融机构和个人以此达到营利的目的。此时,政府并不直接进行干预,而是通过立法和依法监督民营征信机构。这一模式的代表是英国和美国。

市场主导型征信体系的优势在于数据来源广泛(金融机构、政府、专业信息服务公司、消费者个人等),征信产品类别丰富,能有效保障消费者权益。由于市场竞争比较激烈,私营征信机构会比较看重消费者的利益,所以能够有效保障消费者权益。市场主导型征信体系的劣势在于部分私营机构规模较小,容易造成过度竞争和资源浪费。同时,信息容易泄露也是其弊端之一,需要政府监管。

2. 政府主导型征信模式

政府主导型模式的征信主体主要由中央银行或其他政府监管部门成立的"中央信贷登记系统"(各国名称可能不同,但职权类似)构成。这个机构不为营利,从政府和银行等受监管的部门收集数据(一般是通过强制获取),并对数据进行分析,为央行等政府部门进行金融监管提供依据。政府主导型的代表国家是法国和希腊。

政府主导型征信体系的优势在于数据质量较高,能够更好地帮助监管部门预估风险。而其劣势在于数据内容比较单一,以信贷记录等传统数据为主的数据库使得信用评价比较片面,信息收集机构处于垄断地位。同时，信息披露不足现象仍然存在。

3. 混合型征信模式

混合型的征信体系由公共部门和私营机构共同负责征信，但两者开展征信的目的有所不同。公共部门进行征信一般是为了央行或者其他监管机构更好地评估风险；而私营机构进行征信则是为了向市场出售信用产品而达到盈利目的。二者各司其职，同时有业务往来，比如很多公共部门就是私营机构的数据提供者。混合制的代表国家是德国。

混合制模式是市场主导和政府主导的结合体，从一定意义上兼具了二者的优势和劣势。一方面，混合制模式下的征信市场竞争可以提高服务质量，同时公共征信部门收集的数据质量较高、安全性较好；另一方面，由于公共征信部门的存在，私营征信部门会在数据收集等方面受到一定程度的制约，无法像市场主导型国家那样发展。同时，私营机构数据来源的多元化也会提高政府的监管难度。

4. 会员制征信模式

会员制征信体系主要由行业协会组成的行业协会信用信息中心进行征信，是非营利机构，向行业协会内成员收集信用信息，通过成员义务提交方式，然后将分析数据得到的信用报告与所有行业会员分享。相比中央信贷登记系统和私营征信机构，行业协会信用信息中心更像是一个行业内部的信息分享平台，服务对象也仅限于行业协会的会员。在此背景下，政府对征信机构的监管较为宽松，监管职权更多的交予行业协会，鼓励行业自律。这一体系的代表是日本。

会员制模式最大的优势在于能够增加会员之间的信息交流，减少会员独立收集信息的成本；同时，行业自律的原则也可以减轻政府的监管负担。但是其劣势也很明显，即行业协会内的信息并不向社会公开，且行业之间也缺乏信息交流，从而导致无法全面评测个人或者企业的信用程度。

总的来说，各国的征信模式都内生于各国自己的国情：市场主导型体系适用市场发展完善的国家；政府主导型的征信体系适合商业征信机构不健全的国家，例如早期的欧洲国家和现在的一些转型国家；混合制的征信体系一般都是由政府主导型的征信体系发展而来，适合公共征信部门无法满足市场需求同时又存在于有实力进行征信的私营机构的国家；会员制体系则适用于行业协会强势的国家。本章分别选取一些具体国家作为例子，详细论述这些征信模式。

◇ 二 美国征信行业简介

（一）美国征信体系的发展历程

美国征信行业兴起得益于扩张消费，至今已有170多年。19世纪由于货币相对短缺，信用凭证开始在美国盛行。[1] 二战之前，征

---

[1] 资料来源：罗明雄、司晓、周世平：《互联网金融蓝皮书（2014）》，电子工业出版社2015年版。

信行业由于技术限制而停滞不前，而在二战及战后，随着技术的进步和市场的不断扩大，征信行业开始迅猛发展。① 一般认为，这一历程主要有四个阶段。②

第一个阶段：1920—1960 年。这一时期行业迅猛发展。这个阶段的快速发展是因为 20 世纪 20 年代美国开始盛行消费文化，这时很多消费者会选择贷款，从而需要对其信用进行评估。同时，大萧条中的违约率上升也是导致征信业发展的重要因素。

第二个阶段：1960—1980 年。这个时期美国相继出台了 17 部法律，对征信行业进行了规范。同时，Visa 等信用卡联盟的成立也促进了行业发展。

第三阶段：1980—2000 年。在此期间，银行开始跨区经营，加上技术的发展，征信行业进入整合期，开始从地区化向全国化迈进，征信机构数量从 2000 家减少至 500 家。

第四阶段：2000 年至今。此时美国本土进入了成熟期，开始向海外扩展。互联网以及大数据开始对行业产生影响，新兴征信公司诞生。

目前，美国的征信行业以私营为主，业务领域分为资本市场信用、普通企业信用和个人及小企业信用三个方面。经过不断的整合重组，现在三个市场都已经被几大机构垄断——其中资本市场信用有标普、穆迪以及普惠，其中穆迪和标普公司甚至获得了美国官方

---

① 王建华：《美国个人征信机构的发展运作及对我国的启示》，《汉江论坛》2006 年第 7 期。

② 资料来源：赵成：《美国个人征信行业发展研究报告》（http：//pg.jrj.com.cn/acc/Res/CN_ RES/INDUS/2014/6/22/6ec31da1 - 55b3 - 4c08 - af6d - be0907dae653.pdf）。

的支持,占据投资和有价证券市场80%的份额;① 普通企业信用则被邓白氏牢牢掌控,这家公司拥有全球最庞大、包含超过1亿企业信息的数据库,年营业收入保持在14亿美元以上;② 而面向个人及小企业的业务则由Equifax、Trans Union以及Experian三家主导,呈现三足鼎立之势。此外,美国还有500多家小型征信机构,从事收集分析个人及小企业信用的业务,但其中大部分都与以上三家大型征信局有隶属或合作的关系,另外一部分则从事细分行业,即专门为某一个行业提供服务。

针对以私营机构为主的征信行业,美国通过立法和加强监管来规范行业秩序,但总的来说市场化程度仍非常高。美国设定了《公平信用报告法》,并成立相应的监管机构,例如联邦贸易委员会、消费者金融保护局等。③ 不过总体而言,美国征信行业的市场化程度非常高,政府并没有对市场准入加以特别管制,保障了该行业充分竞争,从而促进了美国征信业发展的效率与公平。

由上可知,美国征信行业的发展主要得益于不断扩大的市场和不断发展的技术。前者带来需求,后者提供基础。同时,因为征信本身具有的规模效益,所以该行业也经历了野蛮生长和理智整合的阶段,市场不断扩大但征信机构数量却不断减少,最终形成了现有的征信格局。

---

① 数据来源:阳嘉嘉、寻赟:《计算机行业深度研究:千亿征信蓝海扬帆起航,牌照与数据商先受益》,中信证券,2014年9月26日。
② 数据来源:邓白氏百度百科。
③ 资料来源:赖梦茵:《美国征信机构监管的法律制度》,《法律与新金融》2015年第2期。

（二）美国个人及小企业征信业介绍

这一市场体系大致分为五个部分。第一部分是金融机构、授信机构、地方征信公司等，既负责生产又负责消费征信数据；第二部分是美国消费者数据行业协会（CDIA）以及美国联邦贸易委员会（FTC）。在这两个机构的指导与协助下，美国征信机构联合数据提供机构共同制定了《数据报送资源指南》，[1] 这个指南对美国数据报送的格式和内容等方面做了规范，极大地减少了数据的收集和交流成本；第三部分是以 Equifax、Trans Union 和 Experian 三巨头为首的征信局，他们负责对第一部分产生的数据进行整理、计算，并加入一些公共信用等数据分析出消费者信用情况，将此作为信用产品再卖给第一部分中提到的金融机构和数据分析公司等，由此形成产业循环；第四部分是信用分析模型公司，在美国，征信机构往往不是自己建模，而是寻找类似于 FICO 的公司，FICO 的信用评分已被全球 85% 的信用卡销售商和发卡银行使用，[2] 上文提到的三大征信巨头也基本上基于 FICO 模型；第五部分是监管部门，在美国，个人征信业采取多部门监管，包括联邦贸易委员会和消费者金融保护局等在内的监管机构根据《公平信用报告法》等法律，保护消费者的权利。

---

[1] 赵燕、牟啸天：《个人征信机构数据采集标准研究——看美国征信机构如何报送数据》，《标准科学》2015 年第 4 期。

[2] 资料来源：魏春元：《个人信用体系的比较与研究》，对外经济贸易大学硕士学位论文，2003 年。

1. 美国征信局

美国个人征信体系主要由私营机构组成，以营利为目标。这些机构主要负责数据收集以及产品设计和销售。经过多年竞争，目前美国市场上共有400多家相关机构，但90%市场份额被Equifax、Experian以及Trans Union占据[1]，剩下的征信机构一般为其提供数据或者专注于一些细分行业。总体而言，美国征信格局现在已经基本稳定，征信机构都在积极寻求向海外市场的拓展。

（1）Equifax

发展历程。Equifax成立于1899年，是一家零售信贷公司。经过60年的快速发展，Equifax在1960年成为美国最大的零售信贷公司之一，不过其业务范围基本没有发生改变，主要是为保险公司提供客户的信用报告，涉及健康、习惯、道德及财产等维度。零售信贷公司持有大量的个人记录，并且鼓励员工收集客户的负面信息，而公司对购买信息的客户也没有多加限制，因此这些行为遭到了广泛的批评。随后，《公平信用报告法案》出台，对零售信贷公司加以限制。为改善形象，零售信贷公司改名Equifax。此后，Equifax不断转型。其保险报告被淘汰，也将相关信息部门出售给了保险公司，同时数字认证服务以及支付服务也被剥离。在2010年，Equifax成立了Equifax Anakam公司，主要提供身份验证服务，[2] 2011年

---

[1] 数据来源：《中国征信行业深度报告》，方正证券，2015年。
[2] Equifax官网网站：http://investor.equifax.com/releasedetail.cfm?ReleaseID=751713。

Equifax 收购商业智能公司 eThority。① 如今该公司由五部分组成：北美信息服务中心、支付服务中心、Equifax 欧洲分部、Eqm 部和知识工程系统部。Equifax 拥有丰富的资料数据库，包含全球 5 亿消费者和 8100 万家企业的数据信息，涵盖 17 个国家。② 凭借其劳动力解决方案，Equifax 也成为了美国卫生及公共服务部 55 个承包商之一。

公司业务。Equifax 业务主要由四个部分组成，即美国信息解决方案（U. S. Information Solution）、国际业务（International）、劳动力解决方案（Workforce Solutions）和个人解决方案（Personal Solutions）。第一，美国信息解决方案为消费者和商业公司提供信息服务，例如提供信用信息、信用模型、信用评分及投资组合分析，反欺诈服务、身份验证服务以及其他咨询服务，抵押贷款发放信息，提供金融产品营销和身份管理服务。第二，国际业务面向国际客户提供信息产品服务（信贷和金融服务的信息，信用模型及评分等）。第三，劳动力解决方案提供就业、收入以及社会安全号码的验证服务和基于工资的交易和税务管理服务。第四，个人解决方案提供的更像是安全服务，这些服务能使得消费者更好地了解和检测自己的信贷信息，同时有助于保护身份信息。

财务状况。总体而言，Equifax 的经营状况稳中有升，一直保持着盈利增长态势。如表 4-1 所示，2015 年该企业营业收入增加

---

① Kearney, Brendan, "Equifax Buys Local eThority: Company to Stay, Grow in Charleston, Founder Says" (https://www.postandcourier.com/news/2011/oct/04/equifax-buys-local-ethority/).

② 大数据文摘，《大数据征信：坐在大数据金山上的 Equifax》（http://rhd361.com/special/news? id = e4445844a1f14d9daa38d4595145f20d）。

9%，为26.63亿美元，其股价也上涨38%，而同期的标准普尔指数以及道琼斯工业指数分别为-1%、-2%。从业务类别来看，Equifax的主营业务保持温和上涨（美国信息解决方案），国际业务有略微下跌，而其新开发的两项业务（劳动力解决方案和个人解决方案）增长幅度都达到了18%。

表4-1　　　　　　Equifax分业务财务数据（百万美元）

营业收入	2016	2015	2014	2016 vs. 2015		2015 vs. 2014	
				$	%	$	%
美国信息解决方案	1236.5	1171.3	1079.9	65.2	6%	91.4	8%
国际业务	803.6	568.5	572.2	235.1	41%	-3.7	-1%
劳动力解决方案	702.2	577.7	490.1	124.5	22%	87.6	18%
个人解决方案	402.6	346.1	294.2	56.5	16%	51.9	18%
营业总收入	3144.9	2663.6	2436.4	481.3	18%	227.2	9%
营业净收入	488.8	429.1	367.4	59.7	14%	61.7	17%

数据来源：Equifax 2016年年报。

（2）Experian

发展历程。Experian是三大征信巨头里规模最大的一个，其前身是TRW信息服务公司，1996年被英国的零售公司GUS收购，2006年Experian从GUS plc中独立出来并且上市。① 自成立以来，Experian不断拓展自己的业务范围。2004年，Experian收购

---

① Experianplc.com: "Experian history"（http://www.experianplc.com/about-experian/history.aspx）.

第四章 发达国家个人征信体系发展模式和经验

邮件营销软件和服务公司 CheetahMail,[①] 同年收购了经营业务为联系方式数据管理以及身份验证方案的 QAS。[②] 2005 年, Experian 收购了零售信息提供商 FootFall。[③] 2007 年中期, Experian 收购多家软件公司以提高其产品技术水平, 其中的 Hitiwise 就是一家可以直接从信息提供商网络中收集数据的网络监控公司。[④] 2011 年, Experian 收购了 MPV, 以此拓展医疗支付领域的业务。[⑤] 为扩大其在这反欺诈、身份数据保护等业务的市场, Experian 在 2011 年和 2013 年分别收购了 Garlik Ltd 以及 41st Parameter。[⑥][⑦] 如今在全球 44 个国家拥有 17000 名员工的 Experian 覆盖全球 4 亿消费者, 5000 万家企业都与这家公司有合作关系。Experian 持有全球 1.3 亿家庭的营销信息, 与 70 多家征信机构进行合作, 是全球最大的征信公司。Experian 的合作伙伴涉及多个行业, 如政府部门、商

---

① Mickey Alam Khan: "Experian buys CheetahMail"(http://www.dmnews.com/digital-marketing/experian-buys-cheetahmail-aims-to-boost-dm-services/article/83524/).

② Jules Grant: "Experian buys address software firm QAS for £106m"(https://www.campaignlive.co.uk/article/experian-buys-address-software-firm-qas-106m/223953?src_site=brandrepublic).

③ FootFall: acquisition press release(http://www.experiangroup.com/corporate/news/releases/2006/2006-01-06/).

④ Hitwise: acquisition press release(http://www.experiangroup.com/corporate/news/releases/2007/2007-04-17b/).

⑤ Yahoo: "Experian acquires medical software firm for $185M"(http://news.yahoo.com/experian-acquires-medical-software-firm-185m-144127163.html).

⑥ Ad exchanger: "41st Parameter for $324M, Gets AdTruth In The Bargain"(http://www.adexchanger.com/data-exchanges/experian-buys-device-id-firm-41st-parameter-for-324m-gets-adtruth-in-the-bargain/).

⑦ Mr Web: "Experian Buys Garlik"(http://www.mrweb.com/drno/news14766.htm).

业银行、电子商务、电信、医疗保健、零售、娱乐休闲业、公用事业及房地产等，门类齐全。① Experian 也进军了中国征信业——2005 年 Experian 成立益佰达中国公司。2014 年 2 月 28 日，Experian 与普惠金融在数据化风控技术研发及应用展开全面合作，并于 7 月 23 日推出中国第一个小微金融行业评分体系平台，该平台可以利用客户的基本信息以及贷款记录来计算客户的信用，因为这些计算大都是智能化和自动化的，审核的成本被大大降低。这个平台的出现给其他的小微金融企业提供了借鉴范例，促进了中国小微金融的发展。②

公司业务。Experian 公司业务分为四大模块，即信贷服务（Credit Services）、决策分析（Decision Analytics）、市场营销服务（Markting Serervices）以及消费者服务（Consumer Services）。第一，信贷服务是 Experian 是最主要的服务，服务内容主要是利用 Experian 所拥有的大量信用数据帮助公司或者组织更好地进行借贷服务，避免欺诈行为的发生。在这个业务上 Experian 已经成为市场的领跑者，平均每天要产生 380 万信用报告。第二，决策分析是指 Experian 利用数据科学、数据分析等技术挖掘蕴含在数据中的信息，为客户提供新的见解，帮助客户快速理解数据、做出决策，从而提高自己的业绩。具体来说 Experian 会将自己的数据

---

① 数据来源：《征信市场化开启蓝海，全面布局公司有望脱颖而出》，广发证券行业深度报告，2015 年。

② 资料来源：益博睿官网。

和第三方数据结合,并利用模型将这些数据转化成有意义的信息和见解。对于复杂大量的数据,Experian 会提供一个平台帮助客户处理,例如编译、标准化、检索等,帮助客户更快地发掘这些数据的价值。同时,Experian 的行业专家也会帮助客户更好地了解数据并且提供咨询。每年,因为 Experian 的决策分析,他们的前十大客户都可以避免价值大约 5 亿美元的欺诈。第三,市场营销服务是指借助 Experian 的数据管理和分析能力帮助企业构建客户档案,这些档案可以帮助企业了解客户的忠实程度、兴趣、消费动机等信息。同时,客户档案还可以帮助企业发掘潜在客户。目前,Experian 每个月都能组合整理 20 亿条记录,让企业更好地制定营销策略。第四,消费者服务是 Experian 最基础的服务,主要是向数以百万计的消费者提供信用报告、信用评分、身份保护等服务,帮助他们理解和改善自己的财务状况,避免遭受欺诈以及身份盗窃。Experian 也提供专家为消费者提供信用咨询,如今每周有 140000 名消费者来寻求帮助。从营业收入的角度来看,信贷服务占 Experian 总营业收入的比重为 49%、决策分析占 12%、市场营销服务占 18%、消费者服务占 21%。[①]

财务状况。近 5 年来,Experian 一直保持持续增长,但在 2012 年以后,其增长一直较为平缓。如表 4-2 所示,2015 年 Experian 的业务总收入相比 2014 年增长 3%;分业务看,信贷业务高速增长,增长率为 10%,决策分析也有 6% 的增长,而市场营销服务基

---

① 数据来源:Experian2015 年年报。

本保持不变，出现了1%的下浮。作为Experian最传统的服务内容，消费者服务出现了9%的下滑，由此可以看出Experian的整个业务结构已经发生了转型。

表4-2　　　　　Experian分业务财务数据（百万美元）

营业收入	2016	2015	2016 vs. 2015	
			$	%
信贷服务	2240	2360	-120	-5%
决策分析	566	565	1	1%
市场营销服务	720	753	-33	-4%
消费者服务	951	980	-29	-3%
营业总收入	4550	4810	-260	-5%

数据来源：Experian 2016年年报。

（3）Trans Union

发展历程。Trans Union创建于1968年，由一家铁路车辆租赁公司控股，当时名为"联合油罐车公司"。次年它收购了库克郡征信局，获得了360万份征信文件并由此开始发展个人征信业务。[①] 在2002年，Trans Union收购了Trun Credit网站，通过互联网形式开始直接向消费者提供信用服务，帮助消费者改善信用状况。2013年，Trans Union推出Credit Vision，帮助企业预测消费者偿还债务的能力。同年9月，Trans Union收购eScan Data Systems of Austin，开始

---

① Trans Union. com："Trans Union Company History"（http：//www. transunion. com/corporate/about-transunion/who-we-are/company-history. page）.

第四章 发达国家个人征信体系发展模式和经验

涉足医疗保险行业。① 也是在 2013 年的 11 月，Trans Union 收购 TLO 公司，以加强其风险管理的能力。② 如今，Trans Union 的业务已经覆盖了美国、欧洲、加拿大、日本、维尔京群岛和波多黎各等 6 个大洲 30 多个国家和地区，拥有 2.2 亿的客户资料以及 7000 多家数据供应机构。③

公司业务。Trans Union 的公司业务大致可以分成三类，即美国信息服务（U.S Information Services），国际业务（International）以及消费者交互服务（Consumer Interactive）。第一，美国信用服务主要向企业提供信用报告、评分以及决策指导。这些企业利用 Trans Union 提供的服务来争取新客户、评估消费者支付能力、进行债务催收、识别消费者身份以及调查潜在欺诈行为等。美国信息服务主要基于 Trans Union 的两个优势：一是其拥有非常全面的数据，来源于消费者个人以及法院等公共机构；二是 Trans Union 较强的预测能力，Trans Union 可以利用其丰富的模型工具，帮助企业预测消费者的各种行为，让他们更好地制定业务决策。美国信息服务主要通过三个平台展开，第一个是在线数据平台，主要提供消费者的信用报告及评分，帮助企业进行反欺诈和身份验证；第二个是市场营销平台，这个平台是在消费者允许的情况下，通过分析征信数据为商业

---

① Austin Business Journal："Trans Union acquires Austin's eScan Data Systems-Austin Business Journal"（http：//www.bizjournals.com/austin/news/2013/09/24/transunion-acquires-austins-escan.html）.

② Trans Union："Trans Union Completes Acquisition of TLO"（http：//www.marketwired.com/press-release/transunion-completes-acquisition-of-tlo-1862768.htm）.

③ 王竞苧：《大数据信用评估》（http：//chuansong.me/n/2124837）.

机构提供潜在的客户名单，帮助商业机构更有效率地进行市场营销，例如根据消费者资产组合制定交叉销售策略、构建基于电邮、网站以及电话等联系方式的营销名单等；第三个是决策服务平台，主要是通过预测模型帮助企业快速分析数据以便能实时与客户互动。第二，在国际业务方面，Trans Union目前在发达国家（地区）市场和发展中国家市场都有业务，发达国家（地区）市场是指中国香港和加拿大，占国际业务的35%，发展中国家市场包括非洲、拉丁美洲以及亚太地区（印度、马来西亚、中国等）。第三，消费者交互服务由直接业务和间接业务组成。直接业务是指消费者直接购买Trans Union的服务，例如信用监控、信用评分查询、信用监控、个人消费者欺诈保护和消费者金融理财等；间接服务是Trans Union与其他机构合作，把上述服务打包在其他机构的服务当中。从营业收入组成的角度看，美国信息服务收入占总收入比重为63%，国际市场占比为18%，消费者业务占比为20%。[①] 财务状况如表4-3所示。

表4-3　　　　Trans Union分业务财务数据（百万美元）

营业收入	2016年	2015年	2014年	2016 vs. 2015		2015 vs. 2014	
				$	%	$	%
美国信息解决方案	1045.1	924.5	811.5	120.6	13.0%	113.0	13.9%
其中：在线数据服务平台	677.8	602.1	538.6	75.7	12.6%	63.5	11.8%

---

① 陈近梅：《美国个人征信巨头Trans Union：高盛控股、10亿人数据》（http://www.cbdio.com/BigData/2016-07/21/content_5111315.htm）。

续表

营业收入	2016 年	2015 年	2014 年	2016 vs. 2015		2015 vs. 2014	
				$	%	$	%
其中：市场营销服务平台	160.9	149.2	134.4	11.6	7.8%	14.8	11.0%
其中：决策服务平台	206.4	173.2	138.5	33.2	19.2%	14.8	11.0%
国际业务	313.9	269.6	257.7	44.3	16.4%	11.9	4.6%
其中：发达市场业务	109.2	95.2	92.6	14.0	14.7%	2.6	2.9%
其中：新兴市场业务	2047	174.4	165.1	30.3	17.4%	9.3	5.6%
消费者交互服务	407.1	369.8	294.0	37.3	10.1%	75.8	25.8%
营业收入总额	1766.0	1563.9	1363.3	202.1	12.9%	200.6	14.7%

数据来源：Trans Union 2016 年年报。

（4）中小型征信局

由于美国大部分征信市场已经被三大征信机构占据，美国的中小型征信机构一般会选择两种发展途径：第一种是依附于三大征信机构并为其提供数据，例如一些地方征信局；第二种是在一些细分领域上深耕细作，与大型征信机构错位竞争，例如美国的 Lifelock 公司就是专注于个人防欺诈、信用监控、法院和公共信息监控等方面的信用服务，这家公司在 2014 年市值达到了 11.85 亿美元。[1] 同时，美国还存在如 Telecredit、Landlord Connection 等机构，这些征信机构都有着自己擅长的领域，牢牢把控着一部分征信行业的市场份额。

---

[1] 赵成：《美国个人征信行业发展研究报告》（http://pg.jrj.com.cn/acc/Res/CN_RES/INDUS/2014/6/22/6ec31da1-55b3-4c08-af6d-be0907dae653.pdf）。

2. 美国信用模型公司 FICO 介绍

（1）发展历程

FICO 是 1956 年由斯坦福大学的数学家创立的公司，旨在利用数据构建模型，估算消费者信用。公司在 1989 年首次推出信用评分，在 1995 年，房地美和房利美开始使用 FICO 分数对消费者进行信用评估。[①] 如今，在信用模型市场上，FICO 占据霸主地位，其业务涵盖全球 90 多个国家，与 5000 多家企业有合作关系。[②] 在美国，99.9% 的（个人）用户使用 FICO 评分，[③] 美国三大征信局的信用评分都基于 FICO 模型计算得来。同时，FICO 的业务也不断拓展，例如 FICO 的反欺诈系统，早在 1992 年，FICO 公司就已开始建立信用卡的交易档案，记录每个账户的行为模式，以识别欺诈。今天，这个系统帮助全球的 21 亿张信用卡用户防范欺诈行为，减少了美国 70% 的欺诈损失。[④] 同时，FICO 也积极开展中国业务。在 2007 年 6 月，FICO 进入中国，与主要银行都建立了合作关系，近期很多中国国内自己研发的信用评分也都对 FICO 评分有所借鉴。[⑤]

（2）公司业务

FICO 的业务可以分成三大类：第一类是应用程序，第二类是分

[①] Ben Best："North American Credit Scoring & Reporting"（http://www.benbest.com/business/credit.html）.

[②] 数据来源：费埃哲官网。

[③] 史青伟：《FICO：中国征信数据市场化程度有待提高》（http://tech.sina.com.cn/i/2015-02-11/011510006659.shtml）.

[④] 资料来源：费埃哲 FICO 微信公众平台。

[⑤] 刘雪峰：《征信市场化开启蓝海，全面布局公司有望脱颖而出》（http://www.sohu.com/a/79564360_221908）。

数,第三类是工具。

a. 应用程序

FICO 的应用程序主要是为了特定的商业流程提供预配置的决策服务,例如信贷管理、客户管理、反欺诈、保险理赔管理、反欺诈等相关服务。这些应用程序可以内置在公司的软件中或者通过 FICO 分析云提供服务,服务对象主要是银行、保险机构、医疗机构、零售企业以及公共部门。同时,2015 年,FICO 在 FICO 分析云上提供了更多的应用程序服务,使得很多中小企业也能够使用 FICO 的应用程序获取相应问题的解决方案。

b. FICO 分数

FICO 最为人所知的就是它的分数,而其分数之所以这么受欢迎,很大程度上是因为其算法精良。FICO 早期的算法基于 20 世纪 50 年代的"逻辑回归"模型,所用的候选变量达 1000 多个,评分模型会从这 1000 多个变量中挑选几十个最为合适的变量。FICO 的算法也不止一个,而是达到了数百个之多,仅在美国注册的算法专利就有 200 多个。[①] 如今,FICO 公司的第三代产品利用神经网络等现代分析技术,可以对申请人实现动态管理和实时追踪等功能。

应用这些算法,FICO 模型主要依据五个要素,即偿还历史、信用账户数、使用信用的年限、正在使用的信用类型以及新开立的信用账户。各项占比如下[②]:

---

① 李小晓:《ZestFinance:如何用互联网颠覆 FICO》(http://www.100ec.cn/detail--6195878.html)。

② Eva_z:《FICO 信用评分模型简介(五点基本要素)》(https://blog.csdn.net/prettyEva/article/details/66475710)。

第一，信用偿还历史是 FICO 模型中最重要的因素，占比达到 35%。信用偿还历史包含三个方面，一是还款记录，如分析偿还贷款等；二是公开记录及支票存款记录，例如破产记录、法律诉讼事件等；三是逾期偿还指标，包括逾期时长等。

第二，信用账户数占比达到 30%。具体包括每个月需要偿还的信用账户总额、分类账户数等指标。这一指标用来评测用户是否有过度用信的趋势，进而判断其信用风险。

第三，使用信用的年限占比为 15%。该指标考虑的是平均账户账龄。据调查，美国有大约 25% 的客户该指标大于 20 年，不足 5% 的客户该指标不足 2 年[1]。

第四，新开立的账户占比达到 10%。用于评判信用风险，大致分为新开立信用账户数目及账龄、客户近期信用状况等[2]。如果对新开的账户及时还款，客户的 FICO 得分会因此提高。

第五，正在使用的信用类型占比也是 10%。用于评判各类产品使用情况，衡量标准为该客户的信用账户类型以及账户数量。

FICO 评分模型基于上述五要素，得出最终评分。统计表明，用户的分数若低于 600 分，则违约比例是 1/8；介于 700—800 分时，违约率为 1/123；大于 800 分时，违约率则降至 1/1292,[3] 由此可见，这一体系十分科学和有效。当然，如今 FICO 也开始拓展其评

---

[1] Little_Rookie：《美国 FICO 评分系统简介》（http://www.cnblogs.com/nxld/default.html?page=3）。

[2] 易朝华：《CQ 银行个人资信评估研究》，硕士学位论文，西南财经大学，2010 年。

[3] 希财资讯：《FICO 评分体系是什么》（http://www.csai.cn/if/857522.html）。

分参考，从而扩大评分的适用人群。在2015年，FICO联合Equifax以及LexisNexis推出合作项目评分FICO Score XD，用一些替代数据对之前FICO评分无法评测的人群进行信用评估。

不同评分的用户所享受的金融服务和为其提供服务的金融机构也会有所不同。第一，信用得分在680分以上的客户被认为是非常值得信任的，金融机构一般会给这个得分区间的人提供贷款。对于得分在620分到680分之间的人，金融机构需要进行更进一步的调查才能决定是否提供贷款。而对于分数低于620分的人，金融机构可能拒绝其贷款或者要求该类客户提供更多的担保。第二，对于不同信用得分的用户，为其提供服务的金融机构不同（如表4-4）。大型金融机构一般愿意接受信用评分较高的客户，而一些新兴的互联网金融公司则会为信用评分较低的人提供服务。

表4-4　　　　　　FICO评分对象和相关金服机构

FICO评分人群	金融服务机构
>650分	美国主要银行
600—720分	互联网P2P网贷Lending club等
500—700分	小贷公司Spring leaf等
<500分	新兴的互联网金融公司Turbofinance、Thinkfinance等

资料来源：刘新海、丁伟：《大数据征信应用与启示——以美国互联网金融公司Zestfinance为例》，《清华金融评论》2014年第10期。

当然，由于技术革新和应用领域的差异，FICO的评分并不只有一种。第一，FICO模型在不断更新，所以会出现不同版本的FICO

评分，但由于新版本的评分在某一些领域不一定优于旧版本的评分，所以这些评分都出现在了市场上。第二，针对专门的领域，推出专门的 FICO 评分（Industry-specific FICO ®）。现在推出的专门 FICO 评分主要有两种，一种是针对汽车贷款的 FICO ® Auto Scores，另一种是针对信用卡办理的 FICO ® Bankcard Scores。这些评分在对应领域已经被广泛使用，同时口碑好于一般（基础）的 FICO 评分。导致这些领域在审查用户评分时一般只看重专门的 FICO 评分，这也导致用户一般只提交这些评分，从而形成一个循环。当然，这些评分之所以能在对应领域站稳脚跟也是因为其本身有一些优良的性质。以 FICO ® Bankcard Scores 为例，这个评分的范围是在 250—900 分，一般的 FICO 评分范围只有 300—850 分。所以 FICO ® Bankcard Scores 更能识别出低风险（拥有更高的分数上限），从而更有利于发放信用卡的部门开展业务。

如今，FICO 也开始积极与消费者接触，而不只满足于后台的模型制作。FICO 推出了 myFICO 网站，开始直接向客户提供信用报告。FICO 的服务内容主要有四项：第一，查看 FICO 信用报告及评分。2015 年 FICO 从三大征信局获取了 19 个最常使用的 FICO 评分，涵盖了 95% 的 FICO 向市场所出售的评分，消费者可以直接通过 myFICO 网站进行购买和查询，而不用通过征信局。第二，模拟 FICO 评分。消费者利用这项服务可以看到某个行为会对自己的 FICO 评分产生的影响，从而更好地规划自己的经济活动。第三，监测 FICO 评分。这项服务通过电邮或者手机短信告知消费者自己的 FICO 评分发生了什么变化。第四，监测身份盗用情况。消费者可以通过此项服务识别身份盗用情况并及时修复。myFICO 网站里也有大量介绍 FICO 评分的文章和一个属于消费者的论坛，这些都可以帮助消费者更好地了解 FICO 公司的服务。FICO Score Open Access 向消费者提供 FICO 评分的免费教材，告知消费者评分的参考因素。FICO Custom Credit Education 项目也向消费者提供了信用教育。此外，FICO 也开始向消费者介绍合适的信用卡，充当起金融中介的角色。

总的来说，FICO 评分还是目前最权威、应用最广泛的评分。不过，由于大数据技术的不断进步，越来越多的科技公司开始构建自己的得分，FICO 是否能够保持一家独大的局面还需时间的检验。

c. 工具

FICO 提供分析和决策管理工具（FICO Decision Management Suite），帮助企业在其本地系统或是 FICO 分析云上构建量身定做的分析管理应用。这些工具涉及大数据分析、预测分析、决策执行等多个方面，可以大幅提高企业效率，十分灵活，既可以直接使用，也可以内置在第三方软件当中。例如 The FICO ® Blaze Advisor ® decision rules management system 就是帮助企业设计、开发、执行和维护基于规则的业务应用程序；FICO ® Model Central™ 帮助银行和其他机构（保险、零售商等）提供模型预测服务；而 FICO ® Xpress Optimization Suite 则为运筹学等专业人士或相关企业提供最优化求解的服务。2015 年，随着大数据不断兴起，FICO 又增设了大数据分析工具和数据管理与整合平台，帮助企业更好地制定商业决策。

(3) FICO 与三大征信局

简而言之，FICO 与三大征信局合作与竞争并存。一方面，征信局向 FICO 提供信用数据，FICO 利用其先进的模型算法将这些数据转化为信用评分，再出售给三大征信局，成为征信局征信产品中的重要组成部分。近三年，FICO 近 16% 的营业收入都是来自这种合作。[①] 而另一方面，在基于信用数据的分析决策领域，双方也展开了竞争，具体包括市场营销、信贷决策、消费者战略管理、反欺诈、身份识别等。这种竞争关系也表明 FICO 和三大征信局都已经不满足于自己原来的经营领域，开始不断寻找新的增长点，而这些增长点很多都集中在基于信用数据的决策分析领域。不过目前而言，谁都无法在这些新领域中获得绝对优势，而双方也无法在短时间改变原有领域（评分和征信产品）的格局，所以合作与竞争并存的关系将会持续下去。

(4) 财务数据

FICO 自 2013 年以来每年保持着 6% 的营业收入增长，在这样一个经济疲软的大环境下可谓表现不俗。分业务来看，虽然 FICO 公司的标志性产品是它的分数，但是分数业务占总营业收入的比重并不是很多，只有 27%，工具业务占到 12%，应用软件占比最高，达到 61%。从业务增长率来说，应用软件增长较为稳定，基本在 5% 左右；而分数业务增速在 2013 年达到 11%，到 2014 年却下降到 3%，这可能是由于市场趋于饱和；工具业务作为相对新兴的业

---

① 孙立欣：《探秘征信巨头 FICO：信用评分业务只占 25% 四成业务来自海外》（http://iof.hexun.com/2016 - 08 - 05/185346361.html）。

务,在 2013 年增速为 7%,2014 年则高达 14%,可见这类服务还存在着很大的发展潜力。

表 4-5　　　　　　　　FICO 营业收入(分业务)　　　　　　单位:万美元

营业收入	2016	2015	2014	2016 vs. 2015		2015 vs. 2014	
				$	%	$	%
应用软件	532642	526274	504256	6368	1%	22018	4%
分数	241059	207007	186469	34052	16%	20538	11%
工具	107655	105500	98260	2155	2%	7240	7%
营业收入总额	881356	838781	788985	42575	5%	49796	6%

数据来源:FICO 2016 年年报。

3. 美国征信产品介绍

(1) 三大征信公司的基本产品

a. Experian

该公司的服务涉及信用报告、信用评分和身份盗用保护(反欺诈)等方面,主要产品有四类。第一个产品是 Experian 信用跟踪器,提供 Experian 信用报告、FICO 信用评分、密码修改时邮件通知、反欺诈支持等服务,售价是 4.95 美元第一个月(以后月份价格可能改变);第二个产品是身份欺诈保护,提供 Experian 信用报告、TransUnion 信用报告、Equifax 信用报告、密码修改时邮件通知、日常用户 ID 网络扫描(防止用户信息在网络上售卖)和反欺诈支持等服务,售价是 15.95 美元/月;第三个产品提供三家征信局信用报告及 FICO 评分,售价是 39.95 美元/月;第四个产品是只提供 Experian 信用报告和 FICO 评分，售价是 19.95 美元/月。

b. Equifax

表 4-6　　　　　　　　　　Equifax 部分征信产品

一级产品	二级产品	价格	内容
Credit Monitoring and ID TheftProducts	Equifax Complete™ Premier Plan	$19.95/M	1. 互联网隐私信息监测及保护。 2. 信用报告发生变化通知。 3. 每年可以查看三大征信局评分一次。 4. 可以无限查看 Equifax 信用评分。
	Equifax Complete™ Family Plan	$29.95/M	内容同上，但是包括 2 个成年人和 4 个小孩。
Credit Reports & Credit Scores	Complete Report™	$39.95/M	提供三大征信机构的报告。
	Equifax Credit Report and Score	$15.95/M	只提供 Equifax 的报告。
FICO® Products	Credit Score Watch®	$14.95/M	1. 可以每年两次获得 FICO 评分和 Equifax 信用报告。 2. 如果信息变更会收到邮件提醒。 3. 可以查看什么因素影响评分。
	Score Power®	$19.95/M	提供一个个人信用分数解释和得分模拟器。

资料来源：Equifax 官方网站，信达证券研发中心。

c. Trans Union

Trans Union 除提供类似于上述两家的信用报告服务外，也会提供信用管理与检测、身份识别保护和财产管理等增值服务。

（2）信用报告

除了征信评分之外，三家征信局都会向用户提供一份征信报告

第四章 发达国家个人征信体系发展模式和经验

对用户的信用进行一个整体的描述。下面以 Equifax 为例,介绍征信报告的基本内容。

a. 识别信息

识别信息包括客户的个人信息,如全名、地址、社会安全号码和出生日期,也可能包括就业信息。这种私人信息有助于债权人和银行确保信用报告中列出的所有信用账户是否属于客户本人,而不是具有相同名称的另一个人,身份信息不会影响具体的信用评分。

b. 信用账户

信用报告中列出了个人与银行建立的信用账户。每一个信用账户将包含账户类型(信用卡、抵押贷款或汽车贷款等)、开户的日期、信用额度或贷款金额、账户余额和付款记录。

c. 调查信息

调查信息分为"软"调查和"硬"调查两类,它们反映了公司信用调查程度。其中"软"调查发生在公司给用户预先发放一些信用卡但用户自己没有申请的情况下,对信用评级影响不大;而"硬"调查则用于用户开始自己申请贷款的时候,这些调查会影响用户的信用评级,所以用户申请新的贷款时需要非常谨慎。

d. 公共记录

公共记录,如判决、税收优先权、卖空、破产等均会被列在用户的信用报告当中移交给讨债公司的逾期账户。包括私人医生、医院和有线电视公司在内的信息也可以包含在用户的信用报告当中。在一些社区,无偿图书馆罚款和停车票可上缴代收机构,缴费情况也都会显示在用户的信用报告中。

（3）增值服务

a. 身份盗窃保护产品（以 Experian 为例）

身份盗窃是指在未经本人许可的情况下使用身份信息进行欺诈活动。Experian 身份盗窃保护产品可以降低用户身份被盗窃的可能性，身份盗窃保护产品提供如下服务：

①Experian 信用报告登记；

②帮助观测 Experian、Equifax 和 Trans Union 的信用报告，并且在这些报告发生重大变化时邮件通知用户；

③每天扫描观察是否有未经授权使用的用户 SSN、借款以及信用卡（主要针对未经授权在网上售卖交易个人信息的情况）；

④改变地址提醒；

⑤信用卡等丢失保护，可以迅速帮助转移卡中财富；

⑥14 天现金返回保证；

⑦反欺诈专业保护；

⑧一百万身份盗窃保险。

身份盗窃保护产品是 Experian 在反欺诈上的一个推进，主要提供实时监测等服务，帮助用户迅速注意到自己账号的异常，同时保险服务也使用户的损失降到最低。

b. 财富管理（以 Trans Union 为例）

Trans Union Plus Money Manager 可以帮助用户连接其所有的金融账户，可以 24 小时查看和跟踪用户所有的消费、储蓄和日常账户交易。除了这一项主要功能，Trans Union 财富管理还包括：

①全天候邮件和手机通知重大的财务信息变化；

②当票据到期时，会通知用户防止产生滞留金；

③其余和信用评分挂钩的服务（例如每月两次免费获得VantageScore®评分等）。

c. 信用监测产品（以 Equifax 为例）

信用监测产品是征信局的一个增值类产品，主要帮助用户迅速发现自己的信用评级变化。目前，Equifax、Trans Union 以及 Experian 都推出了自己的监测产品，其内容大致相同。本章以 Equifax 的信用监测产品为例进行介绍。在一般情况下，Equifax 信用监测产品会对如下情况进行警报：

①更改用户的个人信息，如姓名和地址；

②已经在用户的名义开设了新账户；

③对用户当前账户的更改；

④请求用户信用报告副本的企业；

⑤破产和其他公共记录信息；

⑥其他一些信用改变的情况。

4. 法律体系介绍

20 世纪 70 年代以来，与市场主导型模式相适应，美国通过多部法律对个人信用法律体系进行了完善。其中，《公平信用报告法》及其重要修正案《公平及准确信用报告法》《个人信用修复机构法》《公平债务催收法》更是在信息的适用范围、信息主体的合法权益、逾期的债务催收、不良信用的修复等多方面对征信行业进行监管。

（1）美国征信法律体系概述

美国历史上涉及个人征信的法律为 17 部，除信用控制法

(Credit Control Act)外,剩下以《公平信用报告法》(Fair Credit Reporting Act)为核心的16项法律共同促进完善国家信用管理体系。这16部法律对信用体系的规定主要分为信贷与租赁、信用报告、平等授信、债务催收和信用修复五个方面。由此可见,美国的征信法律体系已较为完整。① 针对消费者,美国法律体系强调了对于授信对象的平等权、知情权、反悔权等多方面权益的保护;针对信用体系中不同环节的金融结构,美国法律体系对征信机构、授信机构、信用修复机构、催收机构等都有针对性的专门法规进行规范(详见表4-7)。

表4-7 美国征信法律简介

法律/法规	生效日期	规范主体	主要内容
公平信用报告法 Fair Credit Reporting Act	1971年4月	报告机构和使用者	定义消费者相关权利,规范报告被传播的范围,规定负面信息的使用年限。
信用修复机构法 Credit Repair Organization Act	1996年	信用修复公司	禁止不实或误导性陈述,要求积极地披露信息;禁止信用修复公司提前收费,规定必须有书面合同,且消费者有权解除此合同。[15]
平等信用机会法 Equal Credit Opportunity Act	1975年10月	政府机构、商户和个人	禁止授信机构在信用交易中因申请人的性别、年龄、肤色、宗教、国籍、性别、婚姻状况等做出歧视性的授信决定。 与之有关的规章制度则制定了可执行的细则。

---

① 赖梦茵:《美国征信机构监管的法律制度》,《法律与新金融》2015年总第2期。

续表

法律/法规	生效日期	规范主体	主要内容
公平债务催收法 Fair Debt Collection Practice Act	1978年3月	追账的第三方	对追账机构应如何向债务人汇报相关业务情况做出规定。
诚实租借法 Truth in Lending Act	1967年7月	保护消费者	要求授信机构向消费者披露信用交易条款，赋予贷款人反悔权。
公平信用结账法 Fair Credit Billing Act	1975年10月	保护消费者	对《诚实租借法》的修订；反对信用卡公司和其他任何全程信用（Open-end Credit）交易的授信方在事前提供给消费者不精确的收费解释和不公平的信用条款。
房屋贷款人保护法 Home Equity Loan Consumer Protection Act	1988年	保护消费者	在申请个人住房贷款的初期，金融机构必须对消费者提供更广泛的信息并对相关术语加以解释。
信用卡发行法 Credit Card Issuance Act	1970年10月	适用于所有信用卡用户	禁止信用卡发行机构向没有提出书面申请的人发卡，不包括到期更换新卡的情况；规定在信用卡被盗刷后，合法持卡人对所产生损失的最多负担额等。
公平信用和贷记卡公开法 Fair Credit and Charge Card Disclosure Act	1988年11月4日	发卡机构	在法律上对信用卡和贷记卡加以区别；规范信用卡领取和使用操作，并规定了贷记卡和信用卡发行机构在特定情形下的信息披露义务。
电子资金转账法 Electronic Fund Transfer Act	1978年10月	所有提供电子转账服务的金融机构	通过规范电子转账的收据、定期对账单、公开信息等，给予受款人安全保障。
储蓄机构解除管制和货币控制法 Depository Institutions Deregulation and Monetary Control Act	1980年3月	借贷机构	提升个人存款保险额度至10万美元；允许自行制定贷款利息额度。

续表

法律/法规	生效日期	规范主体	主要内容
甘恩—圣哲曼储蓄机构法 Garn—St Germain Depository Institution Act	1982年10月	金融机构	涉及金融机构改革的各个方面;旨在解除对金融机构的限制。
银行平等竞争法 Competitive Equality Banking Act	1987年	银行	限制银行从事非银行业务。
房产抵押贷款公开法 Home Mortgage Disclosure Act	1975年, 2011年修改	金融机构	规定金融机构要向其所服务的社区提供报告,以及公开披露抵押贷款的相关信息。
金融机构改革—恢复—执行法 FinancialInstitutions Reform, Recovery, and Enforcement Act	1989年	金融机构	防范不良贷款的产生。
社区再投资法 Community Reinvestment Act	1977年	金融机构	金融机构应开发新的业务模式,降低对消费者的服务费用。

资料来源:赖梦茵:《美国征信机构监管的法律制度》,《法律与新金融》2015年总第2期。

(2)《公平信用报告法》及其修正案

20世纪60年代,美国消费信贷不断增长,在信贷交易中对于信用报告的需要和使用越来越普遍。为了更好地管理信用报告的使用,国会制定了《消费信贷保护法》第六编,即《公平信用报告法》(Fair Credit Reporting Act,以下简称"FCRA"),并于1971年4月正式实施。

这部法律对信用报告的搜集、适用程序及金融机构在其中所处位置进行了规定。具体条款分为以下四类：

第一，对征信机构的要求。公正地提供消费者的相关信息。

第二，对征信报告客户的要求。要求对"征信报告使用者"和"征信报告机构"的非法定义务进行区分；要求获取相关报告前，事先通知消费者并告知消费者该征信报告会涉及他的个人特质和生活方式等信息，明确消费者对于调查性质和范围的了解权；如果信贷机构拒绝了此次信贷申请，有义务告知消费者做出该决定的根据，并告知征信机构的名称和抵制。

第三，对消费者的保护。消费者有权知道征信机构档案中有关自己的内容，并可上诉不实负面信息；欺诈分子将被处以相应刑期及罚款。

第四，对征信报告中信息有效期的规定。负面信息仅保留有限年限，如破产记录为10年。

在这之后，国会在1996年和2003年通过了有关FCRA的三个修改法案，分别是《情报授权法》（Intelligence Authorization Act）、《债务催收改进法》（Debt Collection Improvement Act）和《公平准确信用交易法》（Fair and Accurate Credit Transactions Act）。FACTA的主要修订包括身份欺诈、信息保护和银行相关三个方面。

第一，身份欺诈。基于各州法律，FACTA明确了对于"身份盗窃"行为的政府监管，建立了全国性、高效简化的伪冒身份检测系统，身份遭窃的受害者只需向国家级信用局通报，记录就可进入全国性系统。信用机构在获得这一信息后，有责任对未来任何与该消费者有关的活动进行身份确认,建立全国性的身份欺诈警报系统,给予消费者在发现身份被盗窃后申请 90 天身份欺诈警报的权利,如消费者可以提供一份"身份盗窃报告"(可包括在法定机构备案的身份被盗的证明),则警报可延长至 7 年。身份欺诈警报必须包含在征信报告和各类征信指数中,并要求授信机构必须调整程序和政策来处理包含含有警报标志的信用报告,如因无视警告所做的决策导致消费者损失,金融机构将被罚款,防止提供更多信用贷款、发放新信用卡或增加信用额度。在身份被盗窃的受害者在获得政策报告(比身份盗窃报告标准更高)的前提下,有权向金融机构申请获得身份窃贼开立账户、获取服务等记录的副本,金融机构必须在 30 天内提供此类信息。

第二,信息保护。消费者每年能够免费从征信局获得自己的基本数据报告,保护其检查自身身份是否被盗用的权利,如果消费者怀疑身份被盗,可以免费获得多份报告。购买商品时,商户在收据上只列出信用卡的后 5 位数字,以防泄露客户身份。

第三,银行相关。银行审批贷款时,如消费者因征信报告与其他人相比处于不利地位而导致其贷款决策不利时,银行需要通知申请者,以告知相应机构名称和联系方式,以及可以从机构处免费获取征信报告影印件的权利。

(3)《个人信用修复机构法》

为减少部分机构承诺可删除不良信息记录却最终无法兑现的现象,美国国会出台《个人信用修复机构法》,以规范信用修复机构为帮助消费者修复其信用记录的营利性服务,禁止其向消费者信用记录做出虚假或误导性的陈述，并禁止相关欺诈行为。此外，该法要求信用修复机构告知消费者其享有的权利，与消费者签订书面合同，并且只有在完成服务之后才可向消费者收取费用。违反此法的机构将承担相应民事责任，以消费者遭受的实际损失为依据处罚其缴纳赔偿金。

(4)《公平债务催收法》①

融资贷款业务整体规模逐渐壮大，债务催收公司也随之而生。由于缺乏相关法律约束，不法方式催收债务现象十分严重。因此，1978年美国国会拟定了《公平债务催收法》，法规中主要针对位置信息的取得、债务催收相关的沟通、骚扰或侵犯及多重债务等问题进行了详细的规定。

第一，与债务人及相关人员沟通问题。在与债务人本人沟通时，除非债务人事前同意，否则不得在早上8点前和晚上9点后进行沟通，不得于债务人的工作地点进行沟通。

第二，债务催收相关的沟通问题。严禁使用犯罪手段侵害他人，不得公布拒绝支付债务的消费者名单，除非公布面对消费者征信机构，不得以广告形式转让债权以强迫债务人偿还债务；不得反复电话骚扰或持续通话以困扰骚扰对方；陈述时，不得暗示债务收取人与政府有所联系。

第三，多重债务的解决方法。

5. 监管体系介绍

美国实行由多个部门组成的多头监管体系，旨在保护消费者权

---

① 《美国公平债务催收法》(The Fair Debt Collection Practices Act)，英文文本载 http://www.ftc.gov/bcp/edu/pubs/consumer/credit/cre27。

益。不过美国的监管也同时注重保护征信市场的自由,即充分给予了征信机构发展空间。

(1) 联邦贸易委员会

作为主要政府管理者,联邦贸易委员会有权力对涉事机构展开调查。不过为了保护消费者和征信公司,这些调查一般是非公开的。如果征信贸易委员会认为这家机构违反了法律,就会让其签署一份自愿接受调查申明。如果公司拒绝,则会按照正常的法律程序对这家公司进行审理。若确认该公司违背了法律,联邦贸易委员会有权裁决终止侵害和赔偿损失;但若公司不满意判决,也可以继续上诉。

(2) 消费者金融保护局

消费者金融保护局(简称"CFPB")隶属于联邦储备系统,其监管范围包括各类银行和非银行的、规模在100亿以上的金融中介和信贷机构。① 监管的内容主要包括三个方面:真实性、准确性以及问题解决机制是否有效。

此外,为了避免重复执法,CFPB在2012年与联邦贸易委员会合作,签署了协议对各自的职权和相互交流做了规定。

(3) 美国联邦和州立法院

联邦贸易委员会和消费者金融保护局都属于行政监管机构,而美国联邦和州立法院则按照上述17部法律对征信机构和金融机构实施司法监管。

总而言之,美国的监管体系由多个部门共同负责,各有侧重而

---

① 姜天怡、张舒伦:《美国金融监管改革法案对征信业的影响及对我国的启示》,《征信》2012年第2期。

又相互补充。联邦贸易委员会侧重监管个人征信公司、信用报告协会、消费者信用提供者和使用者;消费者金融保护局侧重监管金融机构;而美国联邦和州立法院则属于司法监管部门。同时,美国还通过信用报告协会之类的组织实施行业内部监管。①

6. 美国数据报送标准介绍

由于目前美国征信机构覆盖的数据提供商及数据内容基本类似,为减少数据交流的成本,增加数据的准确性及完整性,《数据报送指南》作为规范性文件应运而生。更为重要的是《数据报送指南》设计了数据报送格式 – Metro2,作为数据提供机构的参考标准。它要求相关机构提供基本和账户交易数据,基本数据主要包括三方面:第一类是身份标识类数据,包含姓名、生日等;第二类数据是就业数据,包含职业、就职机构、工作地点等信息;第三类数据是联系类数据,包括电话号码和家庭住址。除这三类外,Metro2 还要求提供与消费者账务相关联人群的基本资料,例如消费者账务的担保人、共同签署人等。而账户交易数据则包括五个方面:分期贷款数据、抵押贷款数据、循环贷款数据、额度授信数据以及开放账户数据。②

统一的数据报送标准保证了美国征信数据的完整性和准确性,同时也极大地减少了数据交流的成本,为行业发展奠定了数据基础。美国制定数据报送标准已经有了很长时间,例如数据报送格式

---

① 资料来源:《美国个人征信行业发展研究报告》,方正行业深度报告,2015年。

② 赵燕、牟啸天:《个人征信机构数据采集标准研究——看美国征信机构如何报送数据》,《标准科学》2015 年第 4 期。

-Metro2 到如今已经有了 20 多年的历史，其间没有大的改动。

◇ 三　其他国家征信行业介绍

（一）法国

1. 发展历程

1929 年年底，世界经济大萧条，信贷违约集中爆发，欧洲银行业开始重视信用环境，法国政府主导型的征信系统便由此开始建立。1946 年，法兰西银行（法国央行）成立了信用调查中心，为全国唯一征信机构。该中心建立了中央信贷系统，包含企业信贷登记系统和个人信贷登记系统。企业信贷登记系统负责企业征信，于 1984 年开始运营，征信对象包括商业银行、租赁公司等金融机构；个人信贷登记系统是在 1989 年 12 月颁布的《防止以及解决个人贷款问题的法案》的基础上成立的，主要负责收集个人信贷和基础信用信息。

2. 个人征信体系

法国的个人征信由个人信贷登记系统负责，根据相关法律强制从银行、租赁公司等金融机构收集消费者信贷、租赁等数据。同时，这个系统也从新闻媒体、法院等机构收集个人信息。法国个人信贷登记系统又分为三个子部分：全国家庭信贷偿付事故等级系统（最常用也最为庞大）、全国问题支票登记系统和中央支票登记系统。其特别之处在于，此类机构只提供负面信息。

3. 监管立法

法国非常重视个人信息的保护问题，为此设立一系列法律法规。其中，1978年出台的《数据处理、档案与自由法》最有代表性。该法律对征信机构收集数据、发布报告等多方面做出了限制，规定征信机构在收集数据时必须公开其搜集资料的种类、授权、目的等。此外，征信机构向金融机构提供报告的同时也必须向信息主体提供一份报告，信息主体有权对自己的报告提出异议。

为防止法兰西银行既为监管部门也为组织者的权力过大，法国也成立了相关的机构保护信息安全。例如，法国成立了国家信息自由委员会，负责监管各类敏感数据、国家安全等。同时，国家信息自由委员会也会受理个人征信的投诉与控告等事宜，防止法兰西银行一家独大。

（二）德国

1. 发展历程

德国的征信事业起源于1860年，在经历"二战"大量损毁后，于20世纪60年代开始新一轮的发展。1872年，辛美芬公司成为了第一家德国征信的企业，之后Schufa等征信企业也陆续出现。但由于"二战"的影响，德国的征信企业多数遭到损毁。20世纪60年代以后，金融市场开始发生变化，很多新兴产业开始出现，市场对征信的需求迫切地增加，所以德国的私营征信机构又开始了一轮复苏。现今，德国征信体系由公共和私营机构共同组成。前者由德意志联邦银行（德国央行）设立，包含企业和个人征信系统。但德国公共机构一般不提供信用评分服务，而由私营机构完成。虽然是私营性质，但也是依托政府的公共机构建立而来。德国最大的三家私营征信机构是德国企业资信评估机构信贷改革联合会、德国数据信息公司和夏华控股公司（Schufa）。这些私营征信机构通过收集企业和个人信息，然后对数据进行分析，产生信用报告、信用评分等产品。总体而言，当今德国体系的特点是公私兼备，各司其职。

2. 个人征信体系

德国个人征信体系包括公共和私营两类，公共征信机构主要面向政府部门和被监管机构，私营征信机构主要面向个人和企业。公共征信机构主要由德意志联邦银行信贷登记中心组成，此外还有一些司法和行政部门的信息。德意志联邦银行信贷登记中心可以强制收集被监管机构（例如银行）的信息，但是这些信息也仅供银行和其他金融机构内部使用，并且有很严格的使用要求。而司法及行政部门的信息一般都是会对外公布的。同时，德国也有"信贷信用保护协会"等其他公共机构。

在私营征信市场上，Schufa公司独占鳌头。这家公司的服务分成两部分，一个是面对消费者，为消费者提供信用评分、反欺诈以及数据隐私保护等服务；另一个则是面对企业会员，这些会员大部分是金融机构，Schufa提供的服务主要是身份识别、交易安全保护、数据安全保护以及反欺诈等。Schufa已经持有关于502万家公司以及6640万人（占德国人口的80%以上）的7.97亿条信用数据，每一天平均提供 350000 份信用报告。① Schufa 大部分股权为其信息提供者（银行及其他金融机构等）持有，85% 的股份都属于银行及信贷机构。② Schufa 这种股权构成也使得其从金融机构获取数据较为容易。

Schufa 的数据主要来源于公司会员（一般都是银行、信贷公司等金融机构）、消费者和公共征信机构。个人的姓名、身份证号码、社会安全号等基本信息一般来源于公共征信部门，信用信息一般来自金融机构（详见表 4-8）

表 4-8　　　　　　　　　Schufa 数据来源③

主要途径	提供内容
会员	贷款主要内容与还款咨询
	抵押借款咨询
	租赁及分期付款咨询
	抵押事项
	信用卡支付情绪
	支票存款账户往来情形
官方登记与公布事项	债务人名册
	合作社等
	工商登记案件
	联合会登记
	破产清算的申报事项
消费者	消费者自己提供
其他征信机构	该机构的信用报告

---

① 数据来源：Schufa 官方网站，https://www.schufa.de/de/。
② 数据来源：Schufa 官方网站，https://www.schufa.de/de/。
③ 林建甫：《全球信用报告体制之分析——针对美国、德国、日本、中国大陆之信用体质》，《金融联合征信杂志》2014 年第 6 期。

总体而言，公共机构只保证一些特殊行业的基本需求，主要的征信活动还是由私营机构进行。德国大量的征信数据被私营征信机构持有，2014年私营机构持有的个人信用资料数为6620万笔，企业信用资料数为3900万笔；而公共机构持有的个人信用资料数只有20.2万笔，企业信用资料数只有499万笔。① 由此可以看出，德国征信主要由私营机构主导，公共机构并没有对其发展造成阻碍。

3. 监管立法

德国的监管部门是德意志联邦银行，和法国类似，该银行既负责发起征信业务，又负责监管征信行业。例如，《联邦数据保护法》要求征信机构必须在信息主体同意或者法令允许的情况下才可以进行征信行为，② 并且对违法行为的罚金做出限定。总体来看，德国征信法律体系已经较为完善。

（三）日本

1. 发展历程

日本的征信体系起源于19世纪末，在"二战"后迅速发展，

---

① 林建甫：《全球信用报告体制之分析——针对美国、德国、日本、中国大陆之信用体制》，《金融联合征信杂志》2014年第6期。
② 姜天怡：《〈德国联保数据保护法〉对我国个人征信权益保护的启示》，《黑龙江金融》2012年第12期。

企业征信形成双巨头格局，个人征信由行业协会领头。19世纪末，那时日本就有了三家征信企业——商业兴信所、东京商工所和帝国数据银行。"二战"后，日本征信需求开始增加，行业获得发展良机。经过多年整合，企业方面出现双巨头现象——东京商工所和帝国数据银行常年占据市场份额60%到70%。相比之下，日本的个人征信并没有采取市场竞争模式，①而是由行业协会成立的非营利机构负责。对于征信市场，日本政府的监管较为宽松，而且政府的信息也会完全免费公开，②这使得征信的成本大大降低。总的来说，日本的企业征信由市场主导，个人征信由行业协会主导，而政府只负责提供有序的市场环境，并不过多干预具体操作。

2. 个人征信体系

日本个人征信体系主要由各个行业协会出资成立的非营利个人信用信息中心构成，主要包括全国银行个人信用信息中心、株式会社日本信息中心以及株式会社信用信息中心。

（1）全国银行个人信用信息中心（KSC）

KSC会员主要是银行类金融机构，其服务以保本为原则，并不营利，同时与其他协会的数据中心进行相关信用记录的业务交流，使得信用报告更加完整。

（2）株式会社日本信息中心（JIC）

JIC由全国信用信息中心联合会负责管理。如今，该信息中心的网络已经覆盖全国，雇用大量人员为客户提供电话信息咨询，和

---

① 孙志伟：《不同征信模式的比较与分析》，《中国流通经济》2013年第3期。
② 资料来源：日本《政府信息公开法》。

搜集整理破产报告等服务。

（3）株式会社信用信息中心（CIC）

CIC成员主要是信用销售和信用卡公司，相比其他征信机构，CIC对成员的要求比较严格，对信息安全比较重视。

（4）信用信息网络系统（CRIN）

1987年3月，KSC、JIC和CIC联合成立了信用信息网络系统（CRIN）。这个组织旨在推动信息共享，减少恶性信用事件。

3. 监管立法

日本制定征信法案的积极性并不高，直到1988年才出台《行政机关保有的电子计算机处理的个人信息保护法》。这部法律旨在保护经由计算机进行处理的个人信息，但范围仅限于政府机构。而到了20世纪90年代末，日本才相继出台多部法律，[①]完善了国家的个人征信法律体系。

和美国一样，日本采用的是宽松监管的模式。日本内阁设有信息公开与个人信息保护审查会，但实际上这个机构几乎没有监管功能，只是一个咨询和仲裁机构，更多的政府监管职权分散在地方公共部门。此外，行业协会也承担着部分监管责任，协会内部一般会制定比较严格的规则，同时设有监察部门。总的来说，日本会员制的征信体系使得政府监管力度较小，更多地依靠行业自律。

---

① 资料来源：《信息公开法》《关于公开独立行政法人等所保有之信息的法律》《个人信息保护法》《信息公开于个人信息保护审查会设置法》等。

◇◇ 四 互联网背景下国外征信行业的变革

（一）传统征信机构的变革

互联网和大数据背景下，美国很多传统征信公司开始从数据来源、产品设计、新兴市场和技术升级四个方面进行变革。得益于信息技术的发展，征信数据的覆盖率和可得性都得到了极大的提升；同时，越来越多的新式算法被运用在征信产品的设计之中；另外，征信的领域也越来越广泛。

1. 数据来源

数据是征信机构设计征信产品的基础，而大数据技术的不断进步使得人们有能力收集和处理更多更复杂的数据。以美国三大征信公司之一的 Trans Union 为例，Trans Union 已经开始利用大数据技术扩充自己的数据源。它提出用趋势数据的概念来描绘消费者风险画像的轨迹；吸收更多公共数据（交通违纪记录等）使得公司能够更全面的评判征信对象；同时关注可替代数据，以服务没有银行账户的消费者。①

2. 产品设计

更多的数据来源意味着更丰富的产品设计。以 Equifax 公司为例，其利用消费者的水电费缴费信息来帮助银行判断这个客户是否值得信

---

① 资料来源：刘新海：《新上市全球个人征信机构 Trans Union 的商业模式》，财新网，2015 年。

赖。① 而 Trans Union 则在保险领域引入"司机风险产品",通过分析司机的违规记录,帮助保险公司更好地评估不同司机的风险水平。②

3. 新兴市场

数据的多元使得传统征信行业向医疗、政府租户审查等新兴市场拓展。例如 Equifax 利用身份验证数据帮助电信公司识别用户是否确有其人,避免其遭受欺诈;③ Trans Union 在医疗行业、政府租户审查有了新的发展。信用无处不在,有了数据的支持,征信的市场便有能力向传统市场之外的领域扩张,征信机构也因此获得更丰厚的利润。

4. 技术升级

传统征信机构借助互联网技术或战略并购实现技术升级,提升综合竞争力。2012 年起,Trans Union 开始了自己基础设施现代化的进程,包括提升处理分散数据的能力,提高转换速度,提供更好的可用性,等等。经过升级,在某些特定情况下 Trans Union 向市场提供新解决方案的时间已经从几周缩短到几天。④ Equifax 则开始探索将数据分布在低成本服务器上,利用分布式检索技术来处理数据,Experian 也开始尝试使用云计算平台替代大型数据库。⑤ 另外,并购浪潮席卷了传统征信

---

① 资料来源:《美国知名征信所 Equifax 正利用大数据》,2015 年。
② 资料来源:刘新海:《新上市全球个人征信机构 Trans Union 的商业模式》,财新网,2015 年。
③ 大数据文摘:《大数据征信:坐在大数据金山上的 Equifax》(http://rhd361.com/special/news?id=e4445844a1f14d9daa38d4595145f20d)。
④ 刘新海、丁伟:《大数据征信应用与启示——以美国互联网金融公司 Zestfinance 为例》,《清华金融评论》2014 年第 10 期。
⑤ 资料来源:彭宇松:《大数据对现代征信体系的影响及启示》,《征信》2014 年第 11 期。

机构，2006年到2011年，Equifax共斥资17亿美元收购了多家数据收集和技术公司。Trans Union于2013年12月后相继收购了TLO公司（该公司利用专有的公共记录数据为身份鉴定、欺诈保护和债务追回提供解决方案）、德国DHI公司（提供交通违纪和犯罪审判的数据）以及创新型公司L2C（擅长使用替代数据为非传统和非信用活动消费者提供风险预测）。[①] 经过基础设施升级与公司兼并，传统征信机构逐步具有了处理大数据的能力，为角逐互联网时代打下了基础。

5. 变革案例

（1）Equifax Decision360

Decision360是全面（360度）刻画客户的信用状态、还款能力并做出决策判断的一款产品，是Equifax推出的针对贷款公司的新兴产品。在日益复杂的金融格局下，传统的信用工具已经不能很好地刻画消费者的还款能力。传统工具主要是刻画消费者过去的行为，但是消费者的意愿、现在以及将来的还款能力也都是十分重要的因素。换句话说，信贷公司不仅需要客户的"资产负载表"，同时也需要客户的"现金流量表"以及"利润表"等信息。而由于科技的不断进步，互联网和大数据的兴起使得很多数据都成为了可得数据，使得多维度描述客户的信用状态成为可能。所以在市场的需求以及科技的支持下，Decision360应运而生。

Decision360的第一个优势在于数据来源广泛，有利于全面刻画客户信用状态。其来源主要包括三大方面：第一个是用于刻画信用

[①] 资料来源：刘新海：《新上市全球个人征信机构Trans Union的商业模式》，财新网，2015年。

水平，具体包括客户的信用记录、信用评分以及支付记录方面的数据；第二个是刻画还款能力，主要包括客户的收入及就业情况、当前的债务情况、每个月需要缴纳的费用以及一些宏观经济指标（宏观经济可能影响客户的未来还款能力）；第三个是反映抵押品的价值，这主要包括客户的个人财富数据（Decision360 会提供模型对这些财富估值及预测价值变化）。近期，Equifax 还构建了一个名为 Cambrian 的大数据平台，这个平台可以收集和处理大量结构化和非结构化数据，并提供先进的模型算法，使得 Decision360 以往需要几周或者几个月的分析只需要几天就可以完成。

Decision360 第二个优势在于基于大量复杂模型，做出有效决策判断。这些判断可以帮助企业有效规避贷款风险、身份欺诈（由于数据维度很多，使得伪造身份变得非常困难），提高企业的资金回收率。同时 Decision360 也有市场营销的功能，它可以根据不同客户的信息找出最合适的贷款者。

当然，Decision360 在多维度数据评估、决策策略和动态更新方面尚待完善。Equifax 在其 2016 年投资者报告中指出，Equifax 的征信产品分为六个阶段：数值数据收集、属性数据收集、基于单一数据维度的评估、基于多维度数据的评估、决策策略、动态更新。目前 Equifax 仅仅完成了前三个，后三个还在不断探索当中，这说明 Decision360 还有很大的成长空间。不过从这款产品可以看出，大数据处理以及自动化决策已经成为征信公司新的关注点。

（2）FICO Score XD

FICO score XD 是 FICO 公司联合 Equifax 公司推出的一款新的信

用分数，旨在为之前传统 FICO 分数无法覆盖的人群进行信用评估。对于传统 FICO 分数而言，信用记录至关重要，但是数以百万计的美国消费者并没有或只拥有少量信用记录，使得传统 FICO 分数无法对这部分人进行有效的信用评估。而 FICO score XD 则另辟蹊径，采取其他数据来源，将这部分人群也纳入评估系统中。

FICO score XD 所利用的数据主要是支付账单数据和一些属性数据，来源于电话运营商、公共事业部门等部门。具体包括固定电话数据、收费电视或有限点数数据、手机数据、公用事业开支等。

FICO score XD 的优势在于覆盖人群广、易于集成，因此可以发掘更多的贷款需求。第一，覆盖人群广。如今 FICO score XD 已经帮助数以百万计的消费者进行了信用评估，而这部分人有一半以上之前都被信贷机构定义为无法评估。第二，易于集成。可以与之前 FICO 的产品对接，方便使用。第三，可以发掘更多的可贷款者，FICO score XD 有 1/3 的用户评分超过了 620（620 是区分可贷款和不可贷款的界线），而由于信息不完全，其中只有 1/2 的用户在传统评分中被认为是可贷款的。所以 FICO score XD 发掘出了 1/6 的新贷款客户，① 这对金融机构的业务拓展很有帮助。

当然，FICO score XD 参考标准较少，而且效果还有待市场检验，所以对于传统分数而言，FICO score XD 并不能起到替代作用，而是作为一个有效补充。对于第一次贷款的消费者，金融机构可以参考 FICO score XD，而今后的贷款业务，消费者已经有了信用记

---

① FICO 官方网站 http://www.fico.com/en/products/fico-score-xd#corebenefits。

录，传统分数便可据此对其评估信用。

总的来说，FICO score XD 是 FICO 等传统征信公司利用替代数据的典型案例，不过值得注意的是，FICO 使用的替代数据还是支付账单等较为传统的参考数据，并没有将社交数据等互联网数据纳入其中。这也可以看出，对于新兴互联网数据的使用，FICO 等传统征信公司还是非常谨慎。

（二）互联网时代新兴征信公司

新兴征信公司的特点就是用新的技术以及新的经营思路填补了传统征信机构的空白。例如 Zestfinance 公司利用大数据进行征信，为传统征信机构无法覆盖的信贷记录缺失人群提供了征信的新途径；Credit Karma 推出免费征信，开辟了一条新的经营思路；Upstart 则建立了潜力挖掘模型，为缺乏信贷记录的年轻群体提供帮助。下文将对这些公司中比较典型的三家公司进行介绍。

1. Zestfinance 案例分析

（1）Zestfinance 简介

Zestfinance 采用变量广泛，服务对象全面，创造出全新的评分方法。随着互联网与大数据技术不断发展，越来越多科技公司开始进入金融领域，其中就有 Zestfinance。Zestfinance 由 Google 前信息总监兼工程副总裁 Douglas Merrill 创立于 2010 年。

a. 数据来源

Zestfinance 的数据主要来源于第三方、用户提交和互联网，并且

第四章 发达国家个人征信体系发展模式和经验

大量使用了弱相关性数据（详见图4-1）。第三方数据是Zestfinance的主要来源。网络数据则包含IP地址、浏览器版本和社交网络等数据。最后是客户自行提供的信息，包括话费、水电费等。① 这种多元化的数据来源不仅让Zestfinance评价视角更加全面，也使得Zestfinance可以对一些信贷记录较差或者没有信贷记录等传统征信机构无法服务的人群进行征信，实现征信对整个消费群体的覆盖。

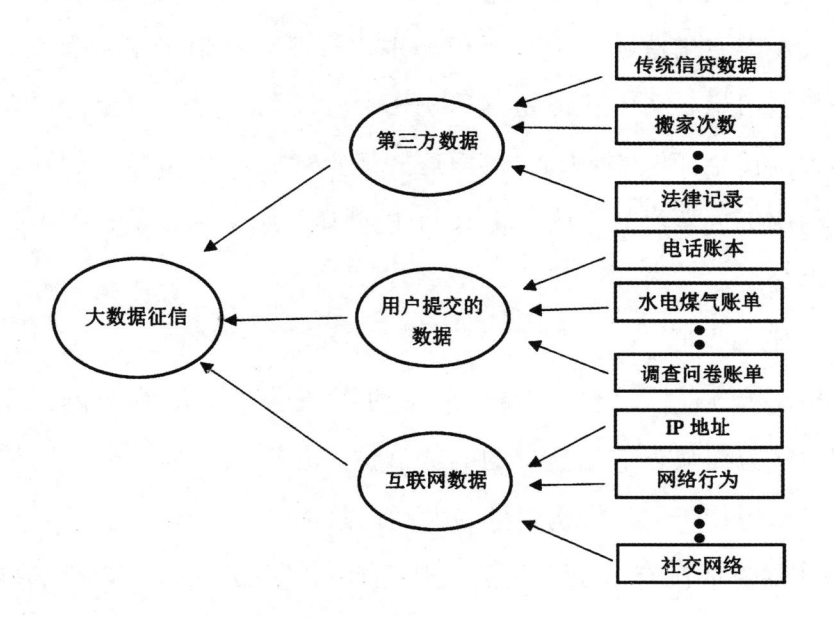

图4-1　ZestFinance的大数据源

资料来源：刘新海、丁伟：《大数据征信应用与启示——以美国互联网金融公司Zestfinance为例》，《清华金融评论》2014年第10期。

---

① 刘新海、丁伟：《大数据征信应用与启示——以美国互联网金融公司Zestfinance为例》，《清华金融评论》2014年第10期。

b. 技术分析

相比于传统征信机构，强大的数据挖掘能力和建模能力是 Zestfinance 的核心竞争力。不同于传统征信机构采取单一逻辑回归方法，Zestfinance 则采用了机器学习的预测模型和集成模型的策略。首先，Zestfinance 会对上述数据进行关联性分析，将繁杂的数据整合成一个比较大的测量指标，这些指标可以反映出借款人某一方面的特性，如预付能力、诈骗概率等。然后，将这些指标输入到 10 个基于机器学习构造的数据分析模型中，可以分析信贷申请者超过 1 万条数据信息，从中获得超过 70000 个可以测量行为的指标，其数目远大于传统征信的 50 个①。而这些运算耗时不会超过 5 秒钟。最后，利用集成学习的方法，将 10 个模型运行结果加以整合得出一个信用得分。

c. 服务人群

相比传统征信机构，Zestfinance 可以覆盖整个消费群体，特别是相对贫穷而缺乏信贷信息的弱势群体。在美国，具有丰富信贷记录、可获得传统征信机构服务的人约占总人口的 85%，然而对于另外 15% 缺乏或没有信贷记录的人却无计可施。Zestfinance 基于多维度的数据，对这 15% 的人也可以进行征信。②

（2）创新之处

Zestfinance 的创新在于它的数据、模型以及用户，而三者之中

---

① 资料来源：李小晓：《传统信用评分挑战者》，《新世纪周刊》2014 年第 34 期。
② 资料来源：刘新海、丁伟：《大数据征信应用与启示——以美国互联网金融公司 Zestfinance 为例》，《清华金融评论》2014 年第 10 期。

又以数据最为关键。Zestfinance 不同于传统征信的关键就在于其所利用的数据广泛。正如 Zestfinance 官网上所说的："所有的数据都是信用数据。"Zestfinance 所利用的数据既有传统数据，例如银行贷款等；也有非传统数据，例如水电费账单等。广泛的数据来源，使得 Zestfinance 能将服务范围扩展到传统征信机构无法服务的信贷信息缺乏者身上。

（3）优劣势分析

Zestfinance 的优势主要在于用户广泛、评估全面以及成本低廉。第一，用户广泛。几乎可以覆盖每一个消费者，尤其是缺乏信贷记录的低收入人群，体现了"普惠金融"的理念。第二，评估全面。由于数据来源广泛，所以可以从多个维度评估用户的信用，使得评价结果更为全面，违约率也更低（只有传统征信机构的40%）。第三，成本低廉。获得贷款顾客的成本只有竞争者的25%。

但同时，Zestfinance 也存在技术风险、服务人数少以及可能违背法律等不足。第一，技术风险。由于变量较多，所以从统计角度来说 Zestfinance 模型容易出现过度拟合的现象，使得模型结果可能不适用于整个社会。第二，服务人数少。Zestfinance 体量不大，在美国仅有10万用户，所以使得其真实效果很难评估。第三，可能违背法律。美国在1975年通过《平等信用机会法》，不能因为种族、宗教信仰等个人特征影响对一个人是否贷款的判断。但是这些特征都会随着网络纳入 ZestFinance 公司的模型。所以 ZestFinance 的信用分数可能涉嫌违背法律。

2. Credit Karma 案例分析

（1） Credit Karma 简介

不同于将大数据技术引入征信行业的 Zestfinance，Credit Karma 给征信行业带来的是互联网"免费"的经营理念（例如：谷歌免费提供搜索服务）。Credit Karma 由肯·林于 2008 年成立于旧金山。截至 2014 年已经拥有 3300 万用户。在其公司创始人肯·林看来，提供信用服务属于基础金融服务，应该是免费的。这种经营理念获得了包括谷歌在内的多家企业的认同。Credit Karma 的不断壮大使得越来越多的征信公司开始重视这种"免费"理念。

a. 数据来源

Credit Karma 并没有独立的数据来源，其征信信息一般是从征信机构购买而来。最早与 Credit Karma 合作的征信公司是三巨头之一的 Trans Union。不同于一般消费者，Credit Karma 是以批发价购买 Trans Union 的信用产品，所以价格更为低廉。而在 2014 年 12 月 29 日，Credit Karma 与 Equifax 开始展开合作，推出第二款由 Equifax 出具的信用评分。使得消费者可以比较自己的两个信用得分，降低得分计算错误的概率。① 此外，Credit Karma 也会让消费者自己提交一些信用信息，例如一些个人金融信息。

b. 产品服务

首先，Credit Karma 的基本产品包括简版信用报告、信用评分、模拟信用分析和信用检测（详见表 4-9）。第五种是为消费者推荐

---

① 陈玮：《Credit Karma 增加由 Equifax 出具的信用评分》（http://tech.163.com/14/1231/13/AEQ1UVBE00094ODU.html）。

第四章 发达国家个人征信体系发展模式和经验

适合的信贷产品,为 Credit Karma 所特有。同时,Credit Karma 也推出了 Insight 平台。这个平台可以绑定消费者的银行卡、信用卡账户等,让消费者不仅可以在 Credit Karma 看到自己的信用评分,也可以查询助学贷款、房屋贷款等个人财务指标,更加具体地了解自己的信用状况。①

表 4-9　　　　　　　　　　Credit Karma 的信用服务

产品和服务	内容	是否付费
简版信用报告	提供免费的汇总版信用报告,提供基于信用报告细节容易理解的汇总信息,帮助消费者理解自己的信用历史,以及提高自己的信用状况的方法	免费
信用评分	用户每周一次的在线免费信用评分查看机会	免费
模拟信用分析	现实消费者特定金融活动对其评分机构的影响,模拟出消费者新的信用评分	免费
信用监测	对信用报告变更的监测,可以帮助个人消费者避免身份被窃取以及信用报告出现错误信息。当消费者的信用报告没出现一些重要变化,消费者就会收到一封邮件	免费
信贷产品的推荐	向消费者推荐符合他们信用特征的信用卡品牌和贷款产品。通过创建用户的财务信息以及分析用户资料来决定向用户推广何种类型的广告	免费

资料来源:刘新海:《征信市场放开了,怎么创新?看看 Credit Karma 的服务创新吧》(http://www.zhengxinbao.com/780.html)。

---

① 刘新海:《美国互联网征信机构 Credit Karma 如何创新》(http://blog.sina.com.cn/s/blog_1346f81d10102vcnv.html)。

其次，Credit Karma 提供产品评论的增值服务。Credit Karma 向消费者推荐金融产品的同时，也会将信用产品登在自己的网站上，供消费者评论和打分。Credit Karma 自己类似于做一个平台，并不主导对这些产品的评分，而是由消费者完成。这种方式有利于消费者更好地了解这些金融产品，也使得这些金融产品的评价更为客观。

再次，Credit Karma 构建了一个社区论坛，便于用户相互交流共享经验。这个论坛主要是以提问建议为主，分成多个主题。比较热门的主题有汽车贷款、信用卡、Credit Karma 公司、信用报告、信用评分等。用户可以在里面提出自己的问题，一般其他用户都会帮忙解答。这样形成了一个动态的信息平台，能够帮助用户解答最新的疑问，也不会太消耗 Credit Karma 自己的资源。

最后，Credit Karma 自己提供对一些征信问题解说的文章板块。包括征信评分和贷款利率、金融产品知识普及、征信评分提升普及等多个主题在这个板块都有专门的文章介绍。这些官方的文章为用户提供了征信教育服务，同时也允许用户对这些文章进行评论，方便用户更好地交流学习。

c. 盈利模式

不同于一般的征信机构，Credit Karma 的利润并不来源于消费者，而是来源于设计信贷产品的金融机构。依据消费者的个人信用数据和个人金融数据，Credit Karma 可以分析出什么样的信贷产品最为合适，并将该产品推送给消费者。如果消费者选择使用该产品，则金融机构就会给 Credit Karma 分成。Credit Karma 的经营模式其实是创造了一个互利共赢的局面,因为这个平台,让消费者和金融机构都能获得更多的信息,创造更多交易,让 Credit Karma、消费者和金融机构都能获取利润。①

(2) 创新之处

Credit Karma 第一个也是最重要的创新之处在于其免费的信用服务。这种免费的服务让 Credit Karma 获得了大量用户,而通过对这些用户推送合适的金融产品,Credit Karma 可以从中获得提成。其次,Credit Karma 并没有自己独立收集信用数据,而是选择购买其他征信公司的信用产品和用户自己提交信用数据,这样可以减少 Credit Karma 给消费者提供信用产品的成本。

同时,Credit Karma 也提供了大量用户交流的机会,公司本身也不断为用户提供"征信教育"的服务,使得用户能够更好地选择公司的服务。

(3) 优劣势分析

Credit Karma 的优势在于通过提供免费服务和较低的信息获取成本,形成互利共赢的模式。第一,Credit Karma 提供的是免费服务,对用户有利,也能帮助 Credit Karma 迅速抢占市场。第二,Credit Karma 的盈利模式是一个互利共赢的模式。给用户推荐合适的金融产品是让金融机构和用户的信息更好地匹配,创造更多的交易,同时也给 Credit Karma 自身带来利润。第三,Credit Karma 并没有自己设计征信产品而是选择从其他征信公司购买,这样公司就无须构建

---

① 刘新海:《美国互联网征信机构 Credit Karma 如何创新》(http://blog.sina.com.cn/s/blog_ 1346f81d10102vcnv.html)。

自己的数据库，大大降低了成本。

Credit Karma 的不足在于缺乏技术创新，免费的服务也意味着产品质量不高。第一，由于 Credit Karma 缺乏自己的评分，而且本质上并没有技术创新，很可能被其他公司替代。第二，因为 Credit Karma 提供的信用产品都是免费的，所以其质量可能相比其他公司较差。

3. Upstart 案例分析

（1）Upstart 简介

美国的征信公司 Upstart 通过挖掘用户的未来还款能力而非信贷历史来判断用户的信用水平，满足年轻群体需求。年轻人往往是借贷需求最旺盛的一个群体。但是由于其刚刚进入社会，并没有很多的信贷历史，所以依据信贷记录判断个人信用的传统征信模型并不能很好地服务这个群体，而美国新兴的征信公司 Upstart 就是针对这一群体创立的。下面本文将从评分模型、服务对象及盈利模式三方面介绍 Upstart 公司。

a. 评分模型

Upstart 的评分模型是结合传统征信数据和群体特征，预估消费者未来的还款能力。传统模型（FICO）一般都是依据信贷历史来推断未来的信用情况。然而，很多年轻人在刚毕业时并没有信用记录，这就会导致他们的信用评分较低，对他们享受信贷服务造成不利影响。Upstart 则不同，它预估消费者未来的还款能力以作为依据。例如 GPA 较高的学生往往更有可能拥有一份不错的工作，还款能力也更强，所以 GPA 越高其信用评分也就有可能越高。不过，Upstart 评分模型也会考虑传统征信数据。如果一个人拥有较长的信贷历史，那么在评分中其信贷数据占的比重就会更高，如果一个人没有多少信贷历史，那么其教育背景、GPA 等因素的比重就会更高。总的来说，Upstart 的模型可以挖掘消费者的还款潜力，为年轻群体的征信提供新的方法。

b. 服务对象

Upstart 的服务对象一般是 80 后、90 后的年轻群体。这部分人群刚刚从学校进入社会，并没有很多交易记录，所以 Upstart 的征信模型正好符合他们的要求。Upstart 客户有 97% 拥有大学学位，人均年收入接近 10 万美元，人均 FICO 信用分数也达到了 692。① 相对较高的 FICO 信用分数也从侧面证明了 Upstart 评分的合理性。

c. 盈利模式

Upstart 类似于一个贷款平台，通过向借贷者支付的利息抽成达到赢利的目的。类似于 Credit Karma，Upstart 也是免费提供征信服务，但不同的是，Upstart 并不向投资者收取广告等费用，而是从贷款者利息中抽取中介服务费。因为每个人的评分不同，所以 Upstart 提供的贷款利率并不固定。一般而言，Upstart 的申请贷款利率范围在 6% 到 17.5% 之间，需要付给 Upstart 的中介服务费介于 1% 到 6% 之间。② 不过值得注意的是，如果借款人违约，Upstart 需要把所有贷款金额返还给投资者，这可能导致 Upstart 承担风险能力较弱。

---

① 刘新海：《挖掘年轻消费者潜力的大数据征信来源》（http://opinion.caixin.com/2015-08-14/100839653.html）。

② 同上。

(2) 创新之处

Upstart 的创新之处在于着眼于未来的评分模型、覆盖年轻群体以及从借贷者利息中抽成的盈利模式。具体而言：第一，评分模型。传统的评分模型注重信用历史，而 Upstart 的模型则注重挖掘未来。第二，服务对象。由于模型的优势 Upstart 可以很好地服务信贷记录较少的年轻群体，而这部分人群正好是传统征信行业难以覆盖的。第三，盈利模式。和传统征信行业不同，Upstart 的征信服务是免费的，其获得利润的方式是从借贷者的利息中抽成。

(3) 优劣势分析

Upstart 的优势在于服务年轻群体，贷款成本较低。第一，可以迅速抢占年轻群体市场。第二，由于 Upstart 是依据信用评分来计算贷款利率的，所以可以对信用良好的贷款者提供更便宜的贷款（一般利率都比其他贷款低30%）。[①]

Upstart 的劣势在于不确定性较大，风险较大。第一，模式较为新颖，未来不确定因素较大。第二，一旦借款者违约，损失全部由 Upstart 承担，导致较大的风险。

(三) 互联网时代国外监管立法体系的改变

1. 法律体系

互联网征信与传统征信的核心不同点是前者的数据更多元，因

---

① 刘新海：《挖掘年轻消费者潜力的大数据征信来源》（http://opinion.caixin.com/2015-08-14/100839653.html）。

此该行业的新法案一般都针对数据而制定，主要涉及数据开放和隐私保护两方面。

一方面，数据放开是行业发展的良好基础，所以在2007年美国通过《开放政府法》，在不涉及国家安全、个人隐私的前提下各个联邦政府部门的数据都在网上公开，支持互联网大数据的发展。①

但另一方面，使用的数据越多元就意味着侵害消费者隐私的可能性越大。1970年，美国的《公平征信法》对征信机构使用信息做出规范，而在1999年至2000年，美国又相继推出了《电子隐私权利法案》《电子隐私保护法案》等来规范互联网下的数据使用。② 进入21世纪，为适应大数据的发展，美国总统奥巴马签署工作报告《在网络世界的消费者数据隐私保护：在全球数字化经济环境下保护隐私权和促进创新的新体系框架》，旨在推进《消费者隐私权法案》的实施。这部法案更关注消费者的实际情况，赋予消费者监督企业收集和使用个人信息行为的权利、无障碍理解和获取隐私及安全保障信息的权利以及问责违规企业的权利等。不过总体而言，这部法律是对以前保护消费者隐私法律的补充与细化，两者并没有本质区别。

2. 监管体系

监管方面依然主要由联邦调查贸易委员会负责，不过监管的对象范围却开始扩大，除了传统的征信机构，数据服务商也成了联邦

---

① 彭宇松：《大数据对现代征信体系的影响及启示》，《征信》2014年第11期。
② 周登宪、王志华、乔丽华：《国际个人数据信息保护概览》，《征信》2014年第6期。

调查贸易委员会重点监察的对象。2014 年，联邦调查贸易委员会发布了《数据服务商：呼吁透明度和问责制》，指出这些机构普遍存在的不透明等问题。因为数据服务商与征信机构并没有严格的区分，部分商家根据数据服务商提供的信息判定客户欺诈风险较高从而拒绝与客户交易，这实际上与通过征信报告拒绝与客户交易的情况类似，所以对数据服务商的监管也很有利于征信市场的发展。①

总体而言，美国的监管立法体系并没有因为互联网、大数据的盛行而产生根本性的变革，只是在原有的基础上制定了更为细化的法律，同时拓展了监管的范围，使得监管立法能够更好地适应当前征信情况。

◇◇ 五 全球征信体系发展对中国的启示

（一）市场竞争

如果征信市场缺乏竞争，征信机构就会失去完善征信产品、提高数据质量的激励，最终不利于征信行业的发展。美国在征信体系构建初期就遵循市场主导的道路发展，400 多家有竞争力的征信企业经过优胜劣汰最终产生了；日本的征信业务虽然由行业协会负责，但它们的股东也都是独立企业；以前很多欧洲国家都是由政府

---

① 资料来源：杨渊：《从美国数据服务商看互联网征信业发展和监管》，中国征信微信公众平台，2015 年。

主导的，但是如今伴随征信需求不断增加，越来越多的私营征信机构开始在欧洲大陆上出现并成为市场主导。以德国为例，2014年德国的私人征信机构持有的个人信用资料数为6620万笔，企业信用资料数为3900万笔；而公共征信机构个人信用资料数只有20.2万笔，企业信用资料数只有499万笔[①]——可以说德国大部分征信活动都由私人机构进行。

尽管国外征信业务的市场化已成不可逆转之势，但在中国却十分曲折。中国的征信行业一直由中国人民银行征信中心主要负责，虽然近期中国人民银行也开始向八家民营机构下发征信牌照，标志着中国征信行业市场化的开端，然而中国还存在着很多阻碍，例如大量的优质数据还掌握在中国人民银行征信中心手中不对外公开；没有完善的征信监管机制和法律机制，消费者及征信机构的权利无法被很好地保护；私营部门进入征信行业门槛过高等。这主要是因为征信是一个非常敏感的行业，一方面其涉及大量的私人数据；另一方面这个行业是一个"基础"行业，对其他行业（例如金融业等）会产生很大影响，因此政府在这个行业上一直保持着非常谨慎的态度。

诚然，市场化一定会引发数据安全等问题，但从长远来看，市场化对征信行业有着极大的积极作用。

第一，使数据来源多样化。公共征信部门一般获取的是信贷数据等结构化数据，内容和形式比较单一。而市场化以后，私人征信

---

① 数据来源：林建甫：《全球信用报告体制之分析——针对美国、德国、日本、中国大陆之信用体质》，《金融联合征信杂志》2014年第6期。

部门就会根据需要拓展其数据来源，例如美国的 Equifax 公司就参考了大量消费数据以及日常缴费数据。中国的八家民营征信机构也拥有自己独特的数据，例如芝麻信用拥有大量支付信息；腾讯征信则以社交新消息为主导；前海征信结合平安系的优势，拥有大量线上线下高质量交易类数据。这些特有的数据可以对公共征信部门的数据做很好的补充，使得个人信用评价更为全面。

第二，它可以带来私人征信机构之间的数据买卖，形成数据交易市场，避免评价出现数据孤岛的现象。数据来源多样化可以使得更多的人享受信用服务，例如 FICO Score XD 这一评价体系就利用替代数据为没有信贷记录的人提供信用评价服务。

第三，激励行业不断创新。由于竞争关系的存在，私人征信部门往往在征信产品的研发上投入大量资源，使得其产品在速度、质量以及服务等方面持续提升，例如 Equifax 公司的新产品 Decision360 已经能够全方位评价消费者的还款能力并做出决策判断。而公共征信部门更加看重风险而非效率，其创新的能力和意愿也相对较弱。

第四，有利于改善客户体验。私人征信机构以客户为上，客户体验对他们尤为重要，例如 FICO 公司在提供征信分数的基础上还会帮助消费者免费进行信用教育，如果信用评分改变，FICO 公司还会邮件通知客户。而公共征信部门则没有太大动力去提供这些服务。

第五，可以发展出一些细分市场，使得服务更有针对性，覆盖的人群更加广泛。私人征信机构因为相互竞争，可能会专注于一些细分市场，这样其所提供的参考信用评分也就更有针对性。例如国外就有专注于个人防欺诈、信用监控、法院和公共信息监控等方面的信用服务的 Lifelock 公司，专门服务零售商的 Telecredit，为地产商找寻潜在客户的 Landlord Connection 等。中国也有类似的趋势，例如芝麻信用的数据偏向于互联网交易方向，所以"芝麻分"在购物、出行、金融、社交等领域使用广泛；前海征信则拥有平安保险的背景，掌握很多优质的金融类数据，所以其目标客户主要是小额贷款公司、网贷平台等。而公共征信部门由于它的属性，主要关注于传统的征信市场，提供较为基础的征信评估，这使得评估缺乏针对性。

总而言之，市场化有利有弊，但利大于弊，因为只有市场化才能带给征信行业活力。当然，对于中国来说，公共部门征信也非常重要，它可以提供基础的信用服务，作为私人征信部门的重要数据来源。所以，公共部门和私人部门并存应该比较适合中国国情。

（二）完善监管体系和法律

对于征信市场刚刚起步的中国来说，发达国家的监管和法律经验都非常值得借鉴。具体而言：

第一，鼓励行业自管，构建多元的监管体系。在发达国家，对征信企业的监管不仅来源于政府的公共部门，还有民间自发形成的行业协会。与政府相比，行业协会对征信企业更加了解，可以制定更为严格的监管标准，监管也更有针对性，同时行业自管的存在也可以节约部分行政资源，因此行业自管和政府监管相结合的体系很值得中国借鉴。

第二，保护消费者的权益。监管体系方面，美国专门成立了消费者金融保护局，该机构主要有三方面职责：（1）给消费者提供投诉的渠道；（2）为信用卡用户提供保障；（3）约束收债公司的催债行为。除这三个方面外，消费者金融保护局还督促征信机构提高工作质量，为消费者提供客观准确的信用评估。在法律方面，美国法律体系强调了对于授信对象的平等权、知情权、反悔权等多方面权益的保护，例如《平等信用机会法》就明确提出，禁止征信企业存在种族、性别歧视行为。

第三，互联网背景下的法律与监管体系革新。随着互联网时代大数据的不断发展，征信行业也不断改变，这就要求相应的法律和监管体系不断革新。在监管体系方面，美国已经将监管对象扩展到了数据服务商；在法律方面，2007年美国通过《开放政府法》，在网上公开各个联邦政府部门的数据，以此支持互联网大数据的发展。[1] 2013年9月，新加坡也出台了《个人数据保护法关键概念咨询指南》和《个人数据保护法指定主题咨询指南》，旨在对一些互联网背景下产生的新信息形式进行了规范界定。中国的征信市场也带有浓重的互联网色彩，制定适合互联网背景的征信监管体系和法律法规对中国显得尤为重要和迫切，故而需要多多参考国外的经验，例如数据开放等举措都是很值得学习的地方。

---

[1] 彭宇松：《大数据对现代征信体系的影响及启示》，《征信》2014年第11期。

第四，兼顾征信基本服务的外部性与市场竞争的效率。一方面，征信服务本身具有外部性和网络效应，其社会价值大于市场价值，所以一些国家通过设立公共征信部门保证了具有外部性的基础征信服务的充分供给。而这些公共征信部门往往和监管机构同属于一个系统，例如法国的中央银行即法兰西银行以及德国的德意志联邦银行，二者既有监管职能，又提供基础征信服务。不过另一方面，很多国家也通过监管立法保证了市场竞争的效率，特别是在增值征信服务和征信咨询服务等超出基础征信服务的领域。比如德国就规定其公共征信部门不提供征信评分，同时其征信服务也只提供给银行和部分金融机构使用，保证了私营征信部门有足够的市场。因此到2014年德国私人征信部门持有的个人信用资料数为6620万笔，企业信用资料数为3900万笔；而公共机构持有的个人信用资料数只有20.2万笔，企业信用资料数仅有499万笔。[①] 私营征信部门占据主导地位以及充足的市场竞争保证了征信行业的效率，避免了公共征信部门一家独大带来的弊端。

从发达国家的经验来看，国内征信市场的法律和监管体系要基于中国市场的实际情况进行监管革新，既要保证客户的合法权益，又要做到适当监管以保证行业的市场效率。同时还可以通过建立行业自管激励机制，构建多元监管机制。

---

① 林建甫：《全球信用报告体制之分析——针对美国、德国、日本、中国大陆之信用体制》，《金融联合征信杂志》2014年第6期。

(三) 数据保护与报送标准

随着数据源的不断扩大,中国在数据保护和报送标准两方面仍与国外先进机构存在较大差距。目前涌现出的很多私人征信机构,将数据源扩大到社交、交易等多个层面。可以说在当今中国的征信市场,数据规模并不是问题,但是相比国外而言,中国在以下两个方面还存在着一定差距。第一是数据保护,主要包括隐私数据的保护、遗忘权的消费者权利的界定等;第二是数据报送标准,中国需要统一市场上所使用的主要数据格式和内容,方便数据的交流和管理。

1. 数据保护

由于征信需要收集私人数据,稍有不慎便有可能侵害消费者的隐私权,因此在互联网时代个人数据保护显得极为重要。由于国外开展征信业务的时间比较早,所以已经制定了相对完善的法律并根据科技发展不断调整更新。2012年1月25日,欧委会出台了《有关"涉及个人数据的处理及自由流动的个人数据保护指令(简称1995年数据保护指令)"的立法建议》,并在2013年10月21日通过了相应立法提案。新法规规定消费者具有要求企业删除其个人数据的权利(遗忘权)等,可以说新法规对企业尤其是企业收集和使用消费者数据做出了严格的限制。在美国,已经有至少17部法律对征信机构的行为做出了规范,以适应互联网时代的新要求。

目前中国消费者数据保护的相关法律法规相比国外法律来说还

很不全面。原因有三：一是中国之前的征信基本由中国人民银行征信中心负责，这是一个有政府背景的机构，系统相对封闭，安全问题并不用过多担心；二是中国对个人数据的保护意识比较单薄；三是中国利用互联网数据设计征信产品的时间较短，数据泄露等问题还没有充分暴露。

随着互联网大数据的涌现，针对消费者数据保护这一话题，政府已经开始加强行业监管。2015年10月，"亚太征信暨个人信息保护国际研讨会"在西安召开，会议邀请了世界银行等机构的著名专家共商中国未来数据保护的方向，中国人民银行行长助理杨子强在会议开始便强调保护征信信息主体权益的重要性。该会议释放了中国政府重视数据安全、监管力度将会加强的信号，暗示中国将借鉴国外相应法律，尽快完善消费者隐私保护方面的立法。

目前中国正掀起一场征信热潮，很多拥有数据的公司都尝试涉足征信业务，但却对从事此业务所面临的法律、监管和隐私保护等挑战估计不足。这里面尤以互联网公司为主——这类公司坐拥巨大的数据宝库，而且这些数据往往处在目前法律没有做出规范的范畴内，一旦中国开始制定相关法律，很可能会影响这部分公司的业务，同时加大公司未来的运营成本。因此，目前中国的征信公司尤其是互联网征信公司应该充分考虑到未来从事征信业务可能面临的风险，参考国外的数据保护要求并以此来避免监管要求提高对公司业务发展造成负面影响。

2. 制定数据报送标准

制定数据报送标准有利于数据间交流和监管，对于征信市场的规范意义重大。经过征信市场的多年整合与发展，美国三大征信公司的数据来源机构范围基本相同，收集的数据内容也越来越一致。

中国目前还没有统一的数据报送标准，市场上数据共享不足这可能是因为在央行征信中心采集的信贷数据大都来源于银行等金融机构，数据质量较高且已经有一定的格式，所以央行并不需要专门重新制定一个标准的格式。随着八家企业新进入市场，征信机构开始多元化。按理来说中国人民银行应该着手设定统一的数据报送格式以减少数据传递和交流的成本，但八家民营征信机构的数据基本都是独立收集的，他们掌握的数据内容不同或是从中国人民银行直接购买，目前并不在市场上交流共享，所以也并不需要一个标准格式。

然而从长远来说，数据格式五花八门势必增加交流成本，阻碍数据市场的发展，同时产生信息不全面、监管难度大等问题。借鉴美国的经验，中国需要对数据收集格式进行进一步的规范并成立相关部门对此进行监管，为中国征信行业的数据交流打下坚实的基础。

（四）深化征信服务

随着时代的发展，征信服务不断应用于反欺诈、身份盗窃保护、信用报告周边和市场营销等领域。传统征信服务主要评估客户信用，为银行、互金机构等提供参考依据。但随着时代的发展，国外征信公司的业务也开始拓展到其他领域，打造更加多元以及全面的信用服务。

第一，反欺诈服务。欺诈行为一直被企业视为心头大患，而随着互联网交易的不断发展，这种行为也变得更加猖獗，这是因为在互联网交易当中并没有线下交易所需要的带有芯片和密码的信用卡以及持卡人签字等信用保障，所以欺诈更容易实现。互联网欺诈往往会给消费者和商户带来极大损失，仅2012年一年，全世界支付卡欺诈损失就高达110亿美元；在法国平均每100欧元的消费就会产生7欧元的欺诈行为。对此，国外征信公司早已开始研究对策。1992年，FICO公司开始建立信用卡的交易档案，记录每个账户的行为模式并以此识别欺诈行为。1999年，该公司推出了电子商务反欺诈建模，保护网上的商务免受信用卡交易欺诈。由于国外反欺诈技术的不断进步，1992年到2013年支付欺诈在美国的信用卡交易中已经减少了70%并由此减少了大量损失。[1]

第二，身份保护服务。这项服务主要帮助消费者预防金融账号被盗，其方式主要有两种：一类是前期通知，即在账务信息发生变化时立即告知消费者；另一类是后期补偿，即通过设立保险等方式补偿消费者损失。目前北美三大征信公司都设有这项服务。

第三，信用报告周边服务。为了让客户能够更好地管理自己的信用，征信公司推出了很多信用报告的周边服务，例如信用监测服务和信用教育服务。信用监测服务是指通过邮件、短信等方式帮助消费者及时了解自己的信用改变情况，以防信用误判的情况出现；

---

[1] 数据来源：费埃哲FICO微信公众平台。

信用教育服务可使消费者更好地了解信用报告和分数的构建，从而提升自己的分数。这类服务主要通过两个方面的途径来实现：一是征信公司自己提供介绍征信报告和评分方面的文章，这类文章比较官方和权威；二是征信公司也会提供一个平台，使得消费者之间更好地进行交流。

第四，市场营销服务。市场营销服务是指以客户的信用数据作为基础，结合消费数据等其他数据帮助企业制定营销策略的服务。以 Experian 的市场营销服务为例，Experian 通过数据整合和分析，帮助企业构建了客户档案，这些档案可以帮助企业了解客户的忠实程度、兴趣、消费动机等信息，同时更有针对性地发掘潜在客群。目前 Experian 每个月都能够组合整理 20 亿条记录，帮助企业更好地制定营销策略，当前市场营销服务已经占据了 Experian 公司 18% 的营业份额，成为其四大主营业务之一。

中国征信公司目前主要还是以提供征信报告及评分服务为主，部分公司开始深化征信服务。这主要是因为中国的征信市场刚刚兴起。但与此同时也有部分国内征信公司开始深化征信服务，例如腾讯征信旗下就有三大块业务，中智诚征信、华道征信等企业都已经开始提供反欺诈服务。当然，现在的很多产品目前还处于初创阶段，市场认可度和参与度并不高。

中国的征信行业起步较晚，需要更进一步深化和完善相关服务，利用征信数据提供全方位的服务，可能是未来中国征信公司发展的方向。不过中国在征信方面也具有后发优势——通过借鉴国外的技术和产品，中国可以迅速提升自身的征信服务质量，2015 年 1 月 FICO 公司为帮助中国快速发展的 P2P 和小微贷市场解决欺诈问题而成立的"费埃哲信贷评分决策云平台"就是一个很好的例子。① 总之,国外征信公司提供的服务已经不仅仅局限于信用评估,而是利用征信数据提供全方位的服务,这可能也是未来中国征信公司发展的方向。

---

① 资料来源:史青伟:《外资征信机构强势入华反欺诈技术成"卖点"》,每日经济新闻,2015 年。

第五章

反欺诈与个人征信

近年来,中国互联网金融业务发展迅速,然而欺诈现象频现。一方面,互联网技术为消费者提供了更加便捷的支付手段;但另一方面也助长了各种金融欺诈行为,例如:身份冒用、恶意骗贷、盗取、伪造信用卡等。特别地,机器行为、垃圾注册、账户盗用等各种基于新兴信息技术的新型诈骗行为对金融机构及其客户造成了难以挽回的巨大经济损失。据已有资料显示,在拒贷事件中,存在蓄意造假或欺诈行为的事件占比达到16%。[1] 如何防范欺诈已成为P2P平台公司风险控制的一个重要问题。

由此可见,互联网技术在提升融资贷款业务效率的同时,也使整个金融体系安全面临巨大挑战。因此,如何利用大数据等互联网反欺诈技术规避新型金融风险,成为中国个人征信体系建设维护金融稳定的关键。

---

[1] 数据来源:普惠金融信息服务有限公司信审数据库,2015年。

◇◇ 一 传统金融欺诈概述

（一）金融欺诈定义

金融欺诈是指在金融体系内发生的欺诈行为。具体来说，它是指金融机构的内部员工、客户或第三方人员，通过构造虚假事实或隐瞒真相，从金融机构或其他客户身上骗取非正当利益，从而给金融机构带来资金、声誉或其他损失的行为。

（二）金融欺诈类型

一般而言，金融欺诈分为三类：客户交易欺诈、内部欺诈和洗钱。其中，客户交易欺诈所造成的损失比例最高。这类行为常见于具有较高风险的金融产品领域，例如信用卡、电子银行等，这类产品同时也是网络支付和借贷等金融交易应用的基础，因此，如何防范这类金融欺诈成为所有互联网金融公司共同关心的重大议题。

（三）传统反欺诈技术

在传统金融领域内，反欺诈技术主要包括建立反欺诈规则库、设定客户欺诈风险评级和建设企业内部统一的反欺诈中心。具体而言：

1. 建立反欺诈规则库

通过收集欺诈的形式、影响范围和人群、应急手段等行业内外的欺诈信息建立反欺诈规则库，使反欺诈有迹可循。这一反欺诈技术不仅有助于防备新型金融欺诈，也可以配合反欺诈中心的培训工作以及对客户的引导工作。

2. 设定客户欺诈风险评级

通过大量的客户背景信息、交易信息以及第三方黑白名单对客户进行风险评级，防范客户欺诈风险。另外，金融机构也可通过背景调查、了解与客户相关联的用户等手段，防范可疑的交易行为和潜在的欺诈团伙。

3. 建设企业内部统一的反欺诈中心

建立反欺诈中心，对跨各业务线、跨各产品、跨各渠道的金融欺诈行为进行集中管理，对金融欺诈形式地域的转移，统一制定有针对性的反欺诈规则。由于金融欺诈存在转移性，因此，反欺诈工作重点也往往在机构内部集中管理，以便及时侦测到发生欺诈的业务领域或者业务流程，与各个具体业务领域紧密合作来控制欺诈风险。

◇ 二 互联网时代反欺诈领域面临的新挑战

随着互联网技术与金融的不断融合，新型金融欺诈不断涌现，反欺诈领域面临新的挑战。与传统金融欺诈相比，互联网金融欺诈手段更为多样，防范难度更大，基于征信业务的反欺诈技术将成为新的突破口。

（一）互联网金融欺诈特性

1. 客户类型的长尾特性

P2P、众筹等模式满足了传统金融难以企及的客户群即长尾客户的融资需求，却也使互联网金融面临更大的欺诈风险。一方面，以 P2P 为代表的互联网借贷平台主要针对传统金融未充分服务到的中小企业和个人，这在一定程度上有助于弥补传统金融服务的不足，促进普惠金融的发展。但另一方面，此类客户的欺诈风险远大于传统金融服务的对象，他们往往没有稳定的收入，并缺乏符合要求的抵押品。因此，如何通过数据识别，实现贷款对象的事前甄别，防范道德风险，成为互联网金融平台可持续发展的重中之重。

2. 电子数据的易伪造性

大数据等技术手段一方面提升了征信数据的可获得性，但另一方面也便利了数据的伪造，使网贷行业面临巨大挑战。例如，部分用户通过中介代办贷款申请，利用虚假身份申请贷款等欺诈行为时有发生。普通用户中也存在伪造互联网线上支付交易记录、聊天记录或是运动轨迹等数据，以获得更高的信用分数和更高额度信用贷款的现象。因此，如何防范数据伪造成为网贷行业风险控制面临的重要问题之一。

3. 运营风险的易扩散性

互联网金融平台滥用信用中介职能，导致借款者违约风险极易向机构转移扩散。例如，目前的P2P平台多以担保模式推广其融资贷款服务，从这个意义上来看，针对互联网金融机构和投资者的欺诈行为都构成金融欺诈，且投资者遭受的风险极易向机构转移。最终，这些风险因素会带来金融机构的资金、声誉损失，从而对整个P2P平台带来负面影响，不利于互联网金融行业的发展。

（二）互联网金融新型欺诈

1. 信贷欺诈

互联网金融服务的小微客户面临更大的信用风险。以P2P平台为代表的互联网借贷平台主要针对的是小微客户，这些客户往往缺乏有效的信用记录，因此在贷前、贷中和贷后各环节都可能产生信用风险识别的相关问题，影响资金账户的安全。

2. 交易欺诈

传统交易欺诈仍然存在，互联网纷繁复杂的信息特性加剧其风险性。第三方支付平台的发展使得线上交易更为活跃，这些类似银行的投融资平台因此同样面临传统金融业的各类身份欺诈、盗取信用卡支付、账户盗用等风险。同时，这种风险借助网络数据的有关特性，其危险性进一步被放大。

3. 社交欺诈

社交账户面临信息泄露威胁，同时以社交数据作为信息资源的借贷平台也面临信息伪造的风险。随着互联网的普及，社交数据成为了个人社会特征及信用特征的重要体现，极大地影响到一个人生活的方方面面。对于用户而言，社交账户面临着撞库风险、木马病毒及恶意泄露等因素的威胁。对于利用社交数据作为信息资源的信贷公司而言，如何防范用户为获得相应额度而进行伪造的行为，也成为防范社交欺诈中重要的部分。

（三）互联网带来的反欺诈技术革新

1. 数据类型的扩充

基于互联网应用与金融创新，地址类等新型数据不断被纳入反欺诈模型。根据大数据的类型，传统的风险分为两类：一是业务类，指账户的注册行为，包括交易行为、支付行为、申请贷款行为等；二是事实类，比如用户自主提出账号和卡被盗用等。随着网络技术的不断更新换代，以及互联网公司金融业务的不断尝试，越来越多种类的数据开始被纳入到反欺诈模型中。

其中，通过消费者位置轨迹等地址类数据进行用户信息比对，有利于识别贷款者真实身份。根据《移动互联网蓝皮书：中国移动互联网发展报告（2017）》，中国移动端设备数量超过13.7亿台，移动互联网用户规模达到近11亿。基于移动端的消费者位置轨迹就是一种重要的地址类数据，可以通过对比此类用户信息对贷款申请者进行识别。此外，用户APP的使用频率、浏览路径是否改变等信息，也有助于辨别互联网线上交易者的真实身份。

2. 大数据分析技术的发展

网络借贷的实时性以及欺诈手段的多样性，使得关联分析技术、实时分析技术和机器学习等新型技术不断被应用于反欺诈建模中。具体而言：

关联分析技术是指利用图形图像手段来构建、传达和表示统计数据关联性。这一技术使得数据能够更加清晰地得到展现，降低了数据分析成本，提高了反欺诈工作的效率。实时分析技术则用于应对线上交易平台对交易速度的要求，目前成熟的反欺诈公司基本能够通过实时分析技术，实现300—500毫秒内的反欺诈识别。机器学习则主要应用于多样化欺诈手段所导致的规则库不完善的情况，通过机器学习技术，反欺诈服务的服务器可以实时补充规则库，实现最小化风险原则。

三 发达国家反欺诈业务

（一）费埃哲（FICO）反欺诈平台

通过神经网络技术建立输入与输出之间的联系，是费埃哲（FICO）反欺诈的核心技术，也称为费埃哲反欺诈解决方案（FICO ® Falcon ® Fraud Manager）。该方案是针对支付卡欺诈监测的核心解决方案和行业标准，利用神经网络技术使输入数据与特定结果建立联系，通过改变这种联系的强度来学习输入信息的联系，进而提高性能。以神经网络引擎为中心，该方案可以实现实时规则创建、测试和实施，以及高效的调查和复杂的案例管理，并根据分析人员的反馈生成欺诈评分，建立一套相对完善的反欺诈监测系统。

在应用范围上，FICO 在 20 多年间逐步完成了对信用卡、借记卡、商户、电子商务反欺诈、第一身份欺诈等方面的欺诈识别系统。主要通过将实时分析技术应用于各类模块中，并利用消费档案，对交易数据进行分析，了解每个账户的行为模式，识别欺诈性交易。此外还通过设备建档，对有欺诈风险的自动取款机实施监测，通过自适应分析技术、自校准技术实施自动微调，应对交易的动态变化，并使得反欺诈系统能够随着欺诈模式的变化来调整模型。

基于费埃哲反欺诈解决方案，FICO 公司发布了用于企业反欺诈管理的费埃哲反欺诈平台（FICO ® Falcon ® Platform）。这一平台的目的是为机构及其客户提供实时的反欺诈保护措施，核心是基于费埃哲反欺诈解决方案（FICO ® Falcon ® Fraud Manager）发展模块化、灵活的企业反欺诈保护。

采用开源技术降低初期成本和模块化的灵活拓展方式是费埃哲反欺诈平台的优势所在。第一，在初期成本上，该平台采用包括 Linux 在内的开源技术，使得初期基础设施花费仅为传统部署方式的十分之一。第二，平台采用模块化的架构方式，使得企业在投资组合扩张时，仅需针对特定渠道开发的用于监测欺诈的模块进行部署，便能增加关联业务的保护等级。还可以同时保护企业内部的所有投资组合，减少新产品或新渠道的保护成本。

此外，美国多家银行目前正在使用费埃哲软件来自动联系客户，通过客户手机或偏好的设备及时阻止可疑交易。此外，费埃哲也可以提供透支欺诈的解决方案，这些解决方案采用社交链接分析技术，拓展了系统实时接收及监测外来数据的能力。①

（二）Experian 反欺诈系统

益博睿（Experian）是世界三大征信机构之一，于1988年推出了反欺诈侦测系统，主要通过欺诈侦测、欺诈审核和欺诈调查三个环节对数据进行分析。具体而言：

在欺诈侦测阶段，系统通过益博睿多年来总结的反欺诈规则，可以分析比对申请人可能隐瞒的收入信息、债务情况、住址信息、虚假身份证等情况，并将分析出的疑似案例送入审核团队。在欺诈审核阶段，益博睿综合使用结果比对、申请频率判断、申请表一致性检验、欺诈环、附加有价值材料判断、局部一致性检验、欺诈评分等多种手段对可能的欺诈行为进行审核。在欺诈调查阶段，将已经经过审核比对的结果放入其他的团队进行重新调查，再将重新调查得到的结果放回对比队列中，这样使得系统碰到类似申请案例，能够自动判断是否接受。

---

① 王晓璇：《费埃哲反欺诈管理平台经济高效，适用任何企业》（http://www.sohu.com/a/281079_102754）。

（三）新型反欺诈业务

在美国，除了传统的几大征信公司之外，近年来也出现了一些专注于反欺诈应用的金融安全服务企业。这类企业利用其在数据挖掘等领域的优势，提供"分析即服务"的业务。按照业务模式可以分为以下几类：

1. 身份识别类

以 ThreatMetrix 为代表的公司提供基于在线实时身份识别的服务，该公司通过三年时间成为全球最大的在线防护平台。目前，该公司定位于个人移动设备的全方位安全服务，为超过 2500 个客户、10000 个网站提供在线的、实时的反欺诈及交易安全服务。同类提供身份认证的公司还包括 41st Parameter Inc. 和 Iovation Inc，前者在 2013 年 10 月被 Experian 收购，后者则转型为成为专职的博彩服务商。

2. 行为追踪类

以 InteellinX 为代表的公司提供基于用户行为追踪的方案，该公司目前主要针对企业内控方向开展反欺诈的细分领域业务。2006 年，InteellinX 成为 IBM 在美国东部主要的供应商，并随之进入到全球市场。此类服务应用广泛，如 2013 年推出的棱镜计划，就是美国国家安全局以国家安全为名义，对民众上网行为、通话记录进行监听，进而利用大数据技术进行分析和追踪。同类的公司还包括基于用户行为分析进行金融反洗钱活动的 Fortent 和 Neteconomy 等。

3. 高性能计算提供商

以 Sift Science 为代表的大数据公司将机器学习应用于反欺诈业务，在提高计算性能的同时增加了准确性。"实时化"互联网技术的发展使得用户对高性能计算有着越来越高的要求。很多传统金融机构并非缺乏欺诈库、行为规则库，而是缺乏在线交易必备的计算性能。传统反欺诈主要利用各类基于客户资料所建立起的规则，一般有一百多大类、几千小类，而"实时化"交易则要求规则判断在几十毫秒内完成。对此，Sift Science 公司将机器学习应用于反欺诈业务，除了其本身超过一百万网络欺诈行为模式的数据库外，其规则库可以不断通过机器学习算法进行添加，一次性应对多种网络欺诈行为。①

四 中国国内反欺诈业务

互联网金融领域风险凸显，越来越多的平台开始重视风险控制与信用评估体系的建立，国内反欺诈业务开始迅速发展。首先，中国当前的征信体系尚处于建设初期，假冒身份、骗贷等金融欺诈行为在互联网金融领域还时有发生，这些欺诈行为对互联网金融平台和平台上的消费者客户都构成了较大的安全威胁。其次，近年来出台的多项监管措施也使得从业者们从以往更加注重市场扩张与行业

---

① 王晓璇：《费埃哲反欺诈管理平台经济高效，适用任何企业》（http://www.sohu.com/a/281079_102754）。

竞争，转向现在更加注重建设平台风险控制体系。最后，伴随着互联网金融市场对风险控制和信用评估领域的需求越来越强烈，P2P相关的平台公司采取自建系统、与本土和国外反欺诈服务提供商合作等不同方式开展的有关工作也得到推进。① 此外，民营征信公司进入这一市场，也带来了反欺诈业务的新气象。

（一）独立的反欺诈技术公司

欺诈手段层出不穷，网贷平台为有效保护资金安全，提高风控能力，大多选择与专业的反欺诈技术公司合作。其中，最具代表性、业务开展最为成熟的是同盾科技。此外，也存在提供黑名单查询业务等的鹰眼数服独立数据业务公司。

作为行业领先的同盾科技，其技术专注于网络欺诈安全，已积累了大量的中国欺诈相关数据。同盾科技成立于2013年，经过近2年的发展，在接入客户数量上超过了一千家，包括北京银行、海尔支付、宜信等，同时涉足传统金融机构、电商平台、第三方支付、O2O、游戏、社交等多个业务领域。

目前，同盾科技已经建立起高危账户数据库、失信名单、欺诈信息库和地理位置库等数据中心。其中，欺诈信息库收集已发生的欺诈事件的数据，建立了适用于所有场景的欺诈信息数据库。地

---

① 本书针对的类型区分主要针对网贷之家。

理位置库包括 IP、卡 BIN①、身份证及手机等多维度的地理位置信息，通过地理位置信息精确定位网络访问者的地理位置（细化到街道），并将地理位置应用到风险欺诈模型中，有效识别在线网络欺诈。

同时，同盾科技的网络欺诈技术具有代理监测、生物探针、设备指纹、风险引擎等特点。其中，代理监测可以准确识别用户是否通过代理服务器渠道访问网站，并且可以获取代理服务器真实 IP 地址，从而形成全球代理 IP 库。生物探针技术通过分析用户在界面上的行为特征，识别操作存在的风险。并通过机器学习为每一个用户建立多维度的行为模型，将用户操作与模型进行匹配，准确识别风险及异常。设备指纹通过嵌入同盾指纹脚本，获取设备的多重属性，为每一个设备建立一个唯一的 ID，使其能够唯一识别。风险引擎则应用于不断从欺诈行为中剥离出业务规则等场合。

（二）与外资机构合作的业务

除了与本土的反欺诈机构合作，许多网贷平台已将视野投向了经验丰富的外资征信机构。② 据统计，宜信、有利网、阳光保险等互联网借贷平台已与 FICO 完成签约，它们将成为费埃哲信贷评分服务在国内市场的首批客户。中信腾牛网等也将与益博睿合作。采

---

① 备注：卡 bin 是指发卡行识别码，英文全称是 Bank Identification Number，缩写为 BIN。

② 备注：外资机构的业务开展模式之前已有所介绍，在此便不做赘述。

取与外资机构合作的方式，有利于引进国际领先的信贷全流程管理系统，从而使得大数据评分体系朝着更加精细化、智能化的方向发展。同时，这也有助于批量化地开展小微信贷工作。①

（三）机构自营的反欺诈业务

目前，由于技术成本和信息来源的限制，网贷平台自行构建反欺诈平台这一模式并不常见。业务开展较为成熟的主要为拍拍贷、爱钱进和融360。

以拍拍贷采用的"魔镜"系统为例，这一风险控制系统利用海量数据，可以从多个角度对借款进行风险评分工作。风险分数最高和最低的部分会被自动通过或拒绝，其余部分则由人工进行分析，这一模式即"机器+人"模式。目前，欺诈系统除了可以简单地甄别出虚假身份信息之外，还可以通过借款人的行为模式甄别其欺诈目的。据报道，通过"魔镜"风险控制系统，拍拍贷的坏账率降低到1.6%左右，其中只有5%的可能为恶意欺诈。②

融360的"天机"系统则通过深入挖掘数据中衍生的特征，将数据分成多个维度，如风险特征、用户偏好、用户意见、用户属性等，综合应用传统金融模型和机器学习模型，搭建整体架构，并通过模型

---

① 高改芳：《小牛在线联手益博睿全面实现信贷风险管理》（https：//www.xiaoniu88.com/cms/article/detail/365）。

② 扬扬：《拍拍贷、好车贷不同风控核心降低逾期坏账》（https：//www.admin5.com/article/20141215/576249.shtml）。

构建贷款推荐、风险预测、实时定价等一系列应用服务产品。

这一类自营的平台风控技术往往使得这类机构增加了金融机构技术服务合作伙伴的属性，使其专业风险控制模型和风险管理能力成为一大亮点。

（四）民营企业的反欺诈业务

随着个人征信业务市场化进程的不断推进，多家民营征信机构在反欺诈领域也进行了尝试，以腾讯征信、芝麻信用、中智诚征信、前海征信、鹏元征信、拉卡拉信用、中诚信征信、华道征信这八家民营征信机构为代表。

1. 腾讯征信

腾讯征信的反欺诈技术主要分为人脸识别和欺诈测评两类。前者主要应用于身份核实相关领域，目前已在腾讯微证券产品上应用。后者是指评估客户的欺诈风险等级，这一等级越高则风险越大。

人脸识别技术根据实际互联网金融场景测试，自拍身份证对比可以达到万分之一以下的错误率，通过率在95%以上。[①] 欺诈测评技术建立在腾讯积累的大量反欺诈技术和黑名单数据库的基础上，通过深度学习、机器学习等技术建立规则，提供实时身份校验工具。例如，其账号设备关系技术利用用户的身份证、姓名、QQ号码等信息，可以识别账号是否存在欺诈行为。

---

① 孙永剑：《腾讯征信推出人脸识别等三大产品》（http：//tech.hexun.com/2015-08-13/178303571.html）。

2. 芝麻信用

芝麻信用基于阿里系多年的反欺诈经验以及寻找假货或诈骗店家的模型，对用户欺诈进行概率评估。其反欺诈模式注重身份冒用、个人信息验证、可信环境验证和群体风险防范等方面，具体适用范围包括消费信贷、P2P、信用卡中心、保险和其他生活类场景。在业务受理与审批过程中，其反欺诈产品渗透在客户身份、账户行为、网络访问和社会关系判断等方面。

具体地，芝麻信用要求准入之前必须通过授权、识别、二次核身和验证四个环节。授权是对申请人身份的第一次验证；识别包括身份扫描、可信环境验证、团伙作弊扫描，分别对应身份冒用库、可信环境库和关系网模型；二次核身是可选环节，包括在线身份问答和人脸识别；验证则包括对信息有效性和位置的验证，例如手机号码是否有效、联系人是否有效、是否处于日常活动区域等。目前，芝麻信用的反欺诈业务已与点融网、融360、积木盒子等企业展开了合作。

3. 中智诚征信

中智诚征信依据多年服务银行反欺诈的经验，推出了"中智诚反欺诈云平台"。

其核心优势在于中文模糊匹配、欺诈数据库、多维数据关联、分团算法、强时效性黑名单和定制案件管理系统等的应用。其中，中文模糊匹配技术基于NLP[①]算法，并依据中国国情做了调整，可

[①] 备注：自然语言处理（NLP）算法是用来处理计算机编码与人类（自然）语言之间的相互作用的领域。

以处理多数据源间的地址、公司名称比对，已在商业银行反欺诈实践中广泛应用。此外，中智诚欺诈数据库已接入80余家P2P机构分享的数据，API接口使用超过一千万次。

4. 前海征信

前海征信背靠全牌照金融机构平安集团，将布局重点放在企业端，反欺诈业务也主要面对企业用户。前海征信主要有三类产品：数据类、"云系统"和功能插件。其中，数据类产品包括黑名单、好信度（信用评分产品）、好信盔甲（反欺诈产品）等。企业客户可以根据自己行业的特点，进行产品的定制。

目前，这些反欺诈业务产品已经开始在平安集团内部的金融反欺诈业务领域进行应用。从2015年5月起，前海征信也开始与宜信、拍拍贷、好贷网等互联网金融机构展开合作。

5. 鹏元征信

鹏元征信采取其自主开发的反欺诈身份核查系统提供反欺诈业务服务。这一系统依托鹏元已有的数据资源，通过整合风险参数、评分模型、管理及监控等模块，提供智能化的身份验证。系统会进行问题设置，并根据回答情况识别客户身份的真伪来实现反欺诈业务。其中，风险参数可随时进行调整，问题库数量巨大，逻辑性强。

6. 拉卡拉信用

拉卡拉信用主要依靠其第二代风险控制系统——"鹰眼"风险控制系统，整合参考内外部数据，对这些用户数据进行分析挖掘，通过多重数据验证实现来反欺诈。同时，这一系统还可以利用多维度数据源建模,并进行模型的不断调整,从而可以更好地防范潜在风险。①

7. 中诚信征信

中诚信征信使用其自主研发的万象风云2.0风控系统,以"大数据征信+智能风控"为核心,内置大量反欺诈规则和专家设定的参数初始值,对风险进行识别。在反欺诈模型方面,该系统利用经验模型和机器学习相结合,匹配不同的数据级和应用场景,并且实时观测模型的风险控制效果,从而能够直接对不同场景、不同规则和模型进行主动选择,以此达到快速应用。②

8. 华道征信

华道征信基于其自主征信模式开发了具有行业针对性的特色风控服务。行业针对性是指根据不同行业的需求,对基于不同场景的行业采取不同的风险控制指标,使其具有更强的应用性和可针对性。③

(五) 遗留问题

尽管反欺诈业务在国内互联网金融领域已崭露头角,但用户数据与分析技术分离以及反欺诈技术发展缺乏经济周期检验等问题尚

---

① 陈进:《拉卡拉:"鹰眼"异军突起,互金风控迎来重头戏》(http://finance.huanqiu.com/cjrd/2016-12/9828289.html)。
② 李小晓:《中诚信如何做个人征信》(http://finance.caixin.com/2015-06-30/100823807.html)。
③ 资料来源:北京华道征信有限公司官方网站。

待解决。具体如下：

第一，用户数据与分析技术的脱节问题十分严重。一方面，FICO 和 Experian 等海外征信机构缺少足够的国内数据，仅依靠其海外的历史数据分析经验给国内的 P2P 公司提供辅助评分服务。而另一方面国内征信机构虽然缺乏足够的反欺诈经验，但拥有大量的互联网用户数据。虽然目前各类互联网金融机构可以选择与多家企业共同合作，但在征信市场的竞争中，合作的积极性存在着很大质疑。

第二，国内反欺诈技术的发展缺乏经济周期的考验。任何一个评级模型都需要数据的检验，尤其对于反欺诈技术而言，更需要经历一轮甚至几轮完整的经济周期，才能获得一个比较完善的评级模型。在这一问题上，无论是国外的成熟企业，还是国内新兴的个人征信公司，都没有相应的"中国经验"。

（六）发展建议

1. 推动反欺诈技术交流

在政府指导下，推动反欺诈技术交流与研发，是有效推动征信体系建设的重要手段。在现实中，核心技术常被当作商业机密受到层层保护，因此技术的发展受到商业因素的限制，甚至可能产生企业之间对于核心技术知识产权的争夺战，不利于整个互联网金融反欺诈水平的提升。所以，应在政府的指导下，推动各大高校和科研院所进行相关技术的研发，在科学研究交流的背景下，适当增加各企业的技术交流。

2. 构建诚信网络，打破信息孤岛

对历史欺诈数据的整合与分析是反欺诈工作的重点，因此，P2P平台、征信公司、反欺诈服务提供商等多个机构的全面合作，是推动反欺诈业务发展的重要保证。一方面，这有助于提高各个平台的风险控制能力，强化其自身的欺诈防御系统，提升行业整体的安全性；另一方面，这也提高了行业对于金融欺诈风险的重视程度，从而可以集中各方的力量来解决这一问题。

3. 拓展监测范围，打造完整闭环

构建欺诈风险发生前、中、后的完整闭环，有利于共同控制行业的风险水平。目前，国内所开展的反欺诈业务多以黑名单、设备指纹等事前控制手段为主，主要基于历史数据进行分析。但完整的风险防范必须覆盖整个信贷过程的前、中、后三个时期，除事前控制外，还应注重实现风险发生中的及时止损，以及风险发生后的信息联动等功能。

第六章

数据保护与个人征信

随着互联网的普及,安全有效地保护征信个体的相关信息是互联网金融时代征信行业健康发展面临的重要挑战之一。征信的基础在于用户个人数据的收集。伴随着互联网的普及以及数据挖掘手段的成熟,更加多元化的个人信息被纳入到征信体系中去,但同时,这也意味着征信主体也存在隐私泄露的风险。对此,相关监管部门在不断加强信息保护的监管力度,例如,在 2015 年 10 月举行的中国人民银行征信中心会议中,就特别指出了保护征信主体权益具有的重要性。

尽管中国已逐步完善个人征信的法律监管体系,但仍有长足的发展空间。目前,中国在已经颁布征信行业法规——《征信业管理条例》中明确规范了征信领域个人信息主体所拥有的法律权利,包括知情权、同意权、异议权和纠错权等,但相对于其他国家,特别是发达国家,中国在这一领域的法律监管体系仍然不足,主要表现为细致规定和保障措施的落实方面监管仍显不足。因此,在法律监管体系和企业层面的实践方面,中国个人征信的数据保护还有较大的发展空间。

◇◇ 一 信息主体权益保护

目前，征信领域消费者相关权益主要有知情权、利用权、异议权和事前授权四种，具体地：（1）知情权：消费者有权知悉信息采集、处理和查询流程与条件；（2）利用权：消费者有权利用征信系统采集到的与其相关的个人信息；（3）异议权：消费者有权对征信机构采集到的与其相关的人格信息的准确性进行质疑；（4）事前授权：消费者有权对自身信息特定目的采集和使用进行反对。在这些权利的基础上，救济作为一种内在保障而存在，而不具有征信领域的权力特征，故未被纳入。①

具体内容详见表6-1：

表6-1　　　　征信领域中征信主体权益保护的范围界定

权利内容	知情权	利用权	异议权	事前授权
权利目标	消费者有权被告知关于其自身采集、处理和使用的条件	消费者可免费或低成本定期获得征信系统中有关本人的信息	消费者有权对个人信息数据的准确性进行质疑	消费者有权拒绝为某些目的采集和使用数据

---

① 备注：此处采纳了中国人民银行征信中心的曹亚廷博士建立的IACO四大权益保护框架，其来源于2011年世界银行国际征信业委员会制定的《征信通用原则》中的界定。

续表

权利内容	知情权	利用权	异议权	事前授权
权利内涵	有权知悉信息采集、处理和使用的条件；信息简单易懂，易于查询、使用	可免费或低成本定期获得本人的信用报告或信用评分	有效、先进的流程处理征信异议；有权对异议信息作标注	主要服务于银行监管和信贷决策；其他用途应得到本人授权
实现途径	负面信息采集前的本人告知；征信知识的普及、宣传	一年免费提供一份本人的信用报告	一国采取统一的异议处理方法和流程	信息采集的本人统一；信息使用和用途的本人统一

资料来源：《征信通用原则》，2011年世界银行国际征信委员会。

◇◇ 二 当前互联网征信信息保护领域面临的挑战

多样的数据来源是互联网征信行业的优势之处，但另一方面"概括性授权"、数据所有权不清、数据采集范围不明以及数据存储安全带来了巨大的风险。具体而言：

第一，"概括性授权"的普遍使用留下了诸多安全隐患。概括性授权即是指消费者在使用互联网服务时往往被要求签署一份事先的确认协议，协议中往往有这样的条款：消费者同意服务商使用其个人数据且并不限定使用途径、使用范围等条件。由于这些确认协议往往存在内容比较冗长、条款繁杂的问题，消费者难以认真完全地进行阅读。这些条款便趁机获得了消费者的"同意"，使得事前消费者无法明确了解自己所受到的信息保护程度，也不利于消费者维护其相关的个人信息数据权益，容易产生个人数据信息泄露等相关的安全隐患。

第二，数据所有权不清，授权界限模糊。消费者在网络浏览时往往会留下很多原始数据，这成为了许多互联网征信公司分析、加工数据的来源。但是，当前的法律并没有明确这类信息的归属。尤其是去除个人身份属性的数据交易中，究竟是数据主体（产生数据的个人）还是记录企业拥有这些数据所有权的问题远远没有达成共识。如果数据的所有权问题不能解决，则所谓的授权和被授权更是无法进一步开展。

第三，采集数据范围不明，存在隐私泄露隐患。由于消费者所有的上网痕迹都可能被记录下来，成为征信分析的对象，但是目前并没有法律明确限定哪些数据可以被采集哪一些数据不能被采集。因此一些私密的数据也可能在消费者不知情的情况下被服务商采集，存在较大的安全隐患。

第四，征信数据存储存在安全问题。互联网的高度发达，不仅使得信息传递更加便捷，也使得数据存储面临着更大的风险。如何更有效地保护海量存储信息，甚至云端存储信息将是所有征信企业以及监管机构所需要解决的问题。

◇◇ 三 发达国家数据保护现状

（一）立法监管

在美国，隐私被视为个人自由，强调不同情境的差异化保护；

而在欧洲隐私权被视为一项基本人权。由于美国和欧洲国家对隐私的理解并不相同，因此在法律监管上侧重于不同角度。在美国，隐私被视为一种个人自由，即"让每个人有能力决定自己在数字化时代的生活"，因此在法律中并未明确个人信息权益的内涵，而是采用了分散立法的模式，即在不同的情境下通过不同的立法来保障个人的信息权益。在更为传统的欧洲，隐私保护被视为一种基本人权，并随之衍生出知情权、异议权、删除权等权利。

1. 美国

主要依托行业自律实现隐私保护，一方面促进了美国征信业的发展，但另一方面也使个人隐私面临安全隐患。在美国，征信行业非常注意对用户隐私数据的保护，但同时又必须保证征信行业市场化的运行。因此，美国立法往往将征信行业当成一个特殊的行业区别对待，更多依靠行业自律进行数据保护。然而宽松的法律政策一方面促进了美国征信业的发展，另一方面却也造成了个人数据的安全隐患。

目前，在美国宪法中并未具体规定个人的信息权益，仅在多部单一法规中对征信市场进行规范，以及对个人信用信息权益进行保护。到目前为止，美国已经颁布的与规范征信行业活动相关的法律包括《公平信用报告法》《隐私权法》《消费者信用报告改革法》《平等信用机会法》等。其中，《公平信用报告法》和《隐私权法》是在消费者个人信息保护领域比较重要的两部法律。

《公平信用报告法》主要规范了征信机构发布个人信用报告的目的、报告机构和用户的权利义务关系、允许征信机构采集的个人信息数据类型等方面。根据这一法律规定，征信机构发布信用报告的目的包括将其应用在以下五种场景：信贷、保险、雇佣关系、政府许可以及其他同消费者相关的合法商业行为。在消费者用户权利方面，这一法律规定消费者享有对自己的征信信息的五项权利，具体包括知情权、解除权、更正权、维护权和保密权。① 法律对征信机构可以采集的个人信息进行了规定，包括：（1）消费者身份识别信息；（2）贷款账户余额、授信额度、偿还历史等；（3）与信用有关的公共记录。但其中不包括：（1）个人之间的交易信息；（2）公司内部的交易信息；（3）信用卡机构给消费者的授信额度；（4）超过 10 年的破产信息和超过 7 年的民事诉讼、判决逮捕、税款拖欠等信息。② 同时，该法律还对征信部门所拥有的权利进行了界定。

《隐私权法》则更加注重保护用户的隐私数据。其立法的基本原则包括：③（1）禁止行政部门拥有个人秘密信息的记录文件；（2）个人对这些个人信息及其使用情况享有知情权；（3）为某一特定目的而采集的个人信息，在没有获取本人同意的情况之下，不得被用于其他无关目的；（4）个人有查询和请求修改自己个人信息记录的权利；（5）个人信息采集、储存、使用的相关机构要确保这些

---

① 李明、贺阳广、王定芳：《借鉴国际经验：完善个人信用信息保护机制》（http：//www.financialnews.com.cn/llqy/201508/t20150817_82238.html）。

② 李子白、汪先祥：《征信制度的国际比较与借鉴》，《海南金融》2006 年第 11 期。

③ 周健：《美国〈隐私权法〉与公民个人信息保护》，《情报科学》2001 年第 19 期。

个人信息只用于既定的目的。

除了进行立法规定以外，英美法体系架构中也将案例视为判决和执行的重要部分，其中典型的判例包括美国法院1961年审理的"彼特森"案和"派克"案。其中"彼特森"案明确了银行在违反金融隐私权保护义务时，其客户可以以此为由对银行进行起诉；"派克"案则为保护权与披露义务之间冲突的解决提供了依据。

2. 欧洲

不同于美国将征信机构视为一个特殊信息使用者的立法模式，欧洲国家通常制定更为全面的法律，对征信机构和一般的数据使用者一视同仁。其中，由于征信机构掌握了比较多的敏感数据，欧洲立法和监管机构把他们当成重点监察对象。这些严格的法律体系和监察制度有助于保护个人数据，但是，这也使得信用报告机构难以获取个人信息和出售信用报告，从而使它们相对于美国的同行处于竞争上的劣势。因此，欧洲消费信用量低于美国，消费者借款成本也比美国更高。[①]

欧洲对个人数据保护的法律共分为两类，一类是欧盟整体的法律，包括1995年通过的《个人数据保护指令》和2012年修订的《一般数据保护条例》。这些法律的目的在于协调欧盟各成员国国内法律，保证个人数据信息能够在欧盟范围内实现自由流动。同时，欧盟各国也制定了相关的国内法律来保护信息安全。

---

① 翟相娟：《国外征信立法对消费者隐私权保护制度评析》，《理论界》2008年第4期。

(1)《欧盟个人数据保护指令》

a. 背景

《欧盟个人数据保护指令》是在欧盟建立之后，数据保护一体化日益完善的背景下颁布的。欧洲的第一部个人信息数据保护法律是一部地方性法规，出现于联邦德国的黑森—达姆斯特达州，这部法律也是世界上出现的第一部个人信息数据保护法。此后，联邦德国、法国、比利时、瑞典等国也开始制定各自的全国层面的个人数据保护法。随着欧洲各国的交流日益加深，个人数据的跨国流通也日趋明显。但是，不同国家之间法律的差别较大，对数据交流效率产生严重影响。为了解决这个问题，欧洲议会于1981年通过了《保护自动化处理个人数据公约》，但是这个公约并没有起到很大的作用。随着1993年欧盟成立，数据保护一体化获得了显著的发展。1995年，欧盟颁布了《欧盟个人数据保护指令》，这一指令旨在提高个人数据的处理效率。

b. 立法原则

这一指令立法原则包括以下六点：合法原则（即个人数据的处理需要设定目的，收集到的数据只能为这一既定的目的进行处理）、终极原则、透明原则（个人数据的处理情况须通知其数据主体）、适当原则（收集、处理个人数据须与指定的目的相匹配，不得过度收集处理）、保密和完全原则（要确保数据安全性和保密性）、监控原则（监管机构要对数据处理进行监控）。

(2)《一般数据保护条例》

为了适应大数据、"云计算"等现代科技，2012年欧盟又推出了《一般数据保护条例》（以下简称《条例》），对个人数据保护法律的框架进行了大规模的修改，这些修改主要体现在数据主体权利的扩大和数据控制者及处理者义务的完善。

a. 数据主体的权利扩大

数据清除权：随着技术的不断发展，互联网技术已经从"默认遗忘"向"默认记忆"改变，很多数据在用户不知情的情况下被收集和存储。因此，与之前的《欧盟个人数据保护指令》相比，《一般数据保护条例》更加强调数据的清除权，即用户有权利申请消除关于自己的数据。

但值得注意的是，数据清除权并不意味着用户对自己的数据拥有完全的权利。例如数据主体不能要求改写自己的数据；当数据主体清除数据的请求与公共利益发生冲突时，数据控制者有权对其加以拒绝。此外，对于不具有个人数据可识别性的匿名数据，清除权并不能要求数据控制者消除数据。所以总的来说，虽然数据清除权保护了用户的权利，但是由于数据类别界定等现实问题，实际的保护力度并不是很大。

数据可携权：《一般数据保护条例》中的数据可携权指的是数据控制者不能对数据信息在不同系统之间的转移行为加以禁止。数据可携权即代表了用户有权从数据持有者手中获取自己的数据，也代表了用户有权转移自己的数据。

处理同意：数据主体的"同意"是数据控制者进行个人数据处理的一个重要前提条件。根据《一般数据保护条例》规定，数据主体的"同意"说明必须是自愿给出的，是明确的，不能是由数据控制者通过推断而得到的。并且,数据个体没有行动也不能被视作处理同意。

风险数据处理:风险数据与一般数据不同,密切关系着身体健康、生命安全及财产安全。因此,在没有约束的情况下处理这些数据,可能会导致巨大风险。《条例》对这一类风险数据的处理条件进行了规范。例如,政治观点、宗教信仰、基因数据、健康、犯罪,与安全措施相关的数据处理需要进行数据保护影响评估(DPIA),并根据其评估结果来设定处理这些数据的相关条件。此外,与医疗、雇佣关系、科学研究相关的数据等都不能被随意处理。[1]《一般数据保护条例》对特殊的数据进行了规范,在数据最大利用的条件下保护了数据拥有者的权益。

b. 数据控制者和处理者的义务

事前预防措施:《一般数据保护条例》要求数据控制者在合理的成本前提之下,要尽可能地利用当下先进的科技手段和适当的组织程序等方法,以保证个人数据的处理和使用符合相关规定。同时《一般数据保护条例》还要求数据控制者建立相关系统风险评估模型,对潜在的系统风险进行事前评估,并以此为依据做好早期预防的工作。

个人数据泄露通知:在发生个人数据泄露风险事件时,《一般数据保护条例》要求相关的数据控制者要在 24 小时之内向有关监管部门进行报告,报告要说明数据泄露风险事件的相关具体情况。

---

[1] 何治乐、黄道丽:《欧盟〈一般数据保护条例〉的出台背景及影响》,《信息安全与通信保密》2014 年第 10 期。

如果这一报告行为发生了延迟，数据控制者需要向监管部门解释造成报告延误的原因。如果数据泄露风险事件存在对信息数据主体造成负面影响的可能性，数据控制者和处理者必须立即对信息数据主体进行通知，明确说明《一般数据保护条例》违反的性质，并且要向其提供可以降低相关风险的建议措施。①

DPO 和更多的当责性及透明度：根据《一般数据保护条例》的要求，数据处理者或控制者需要任命专门的数据保护人员职位，即数据保护专员（DPO）。这一职位的任期至少为两年。DPO 的指定过程被要求是透明的，同时这些专员需要公开自己的联系方式。DPO 的主要职责是对企业的相关数据处理保护活动进行监测，以确保控制者和处理者的行为符合《一般数据保护条例》的规定。同时数据拥有者可以找到 DPO 来维护自己的合法权利。概括而言，DPO 是作为数据处理者和监管者联系的桥梁而存在。

3. 亚洲②

亚洲国家个人信息数据保护立法体系大体可以分为两类：一类是专门立法模式，以韩国、印度等为代表；另一类是对不同行业进行分别立法的分散立法模式，以日本、新加坡为代表。

韩国属于专门的立法模式，其制定了《信用信息使用及保护法》来保护信用信息，同时也对公共部门和私人部门进行区分。对

---

① 何治乐、黄道丽：《欧盟〈一般数据保护条例〉的出台背景及影响》，《信息安全与通信保密》2014 年第 10 期。

② 李明、贺阳广、王定芳：《借鉴国际经验：完善个人信用信息保护机制》（http://www.financialnews.com.cn/llqy/201508/t20150817_82238.html）。

前者，代表性法律是《公共机关保有个人信息保护法》《公共机关信息披露法》；对后者，代表性法律则是《信息及通讯网络使用促进及信息保护法》。

日本属于分散立法模式，其立法主要针对个人数据的保护。其中，针对政府部门的主要法律为《信息公开法》；针对非政府部门的主要法律为《个人信息保护法》。在这些法律基础上，日本又出台了《关于保护独立行政机关所持有之个人信息的法律》《关于保护独立行政法人等所持有之个人信息的法律》《信息公开与个人信息保护审查会设置法》等配套法律。同时，还积极采用民间团体来监督数据安全活动。

（二）企业实践

随着征信行业的饱和，部分征信企业为寻求发展出现打法律擦边球的行为。在欧美等国相对健全的法律体系下，对隐私数据、信息安全及保护方式等方面都制定了比较细致的规定，同时这些规定中往往对于企业违规行为采取重罚。因此，国外企业往往只需要按照法律条文进行数据保护。但随着征信行业的饱和，尤其是在美国，较为严格的法律甚至导致国外征信企业开始走法律擦边球。例如，美国征信巨头艾可菲（Equifax）曾因出售住房贷款客户信息而被罚款。[①] 其他征信公司也受到过类似处罚。

---

① 张宇哲：《美国征信巨头如何拓展非传统征信领域》（http://finance.caixin.com/2015-10-30/100868183.html）。

◇◇ 四 中国国内数据保护现状

近年来,互联网技术的快速发展一方面便利了人们的工作和生活,但另一方面也给互联网用户的信息安全问题带来了诸多风险和隐患。2015年消费者协会发布的《网民个人信息保护状况调查》结果显示,有近60%的网民对当前互联网上用户个人信息保护的现状表示不满意和非常不满意。① 中国征信主体信息保护的相关实践仍需进一步加强,以应对大数据爆炸式增长的时代背景,进而与发达国家接轨。

(一) 法律监管

随着中国征信行业的不断发展,相关监管部门对这一领域内的个人信息数据的保护越来越重视。2013年,国家颁布了《征信业管理条例》(以下简称《条例》),在《条例》的第十三章中对个人信息主体的权利进行了全面规范。根据《条例》规定,个人信息主体拥有知情权、同意权、异议权和纠错权等权利。例如,采集个人信息应经本人同意;禁止征信机构采集行政法规明确禁止采集信息;个人信息不得用作约定以外的用途;征信机构要采

---

① 资料来源:2015年中消协联合360互联网安全中心《网民个人信息保护状况调查》。

取合理措施保障信息准确性。

同时，在2017年两会时提交人大的《中华人民共和国个人信息保护法（草案）》中，也对个人信息数据的保护进行了相应法律规定。根据草案规定，个人信息的收集、处理和利用必须遵循合法、信息主体知情同意、目的明确、限制与目的不一致的利用、完整正确、安全、可追溯可异议可纠错等原则。草案还对个人信息权进行了界定，包括信息决定、保密、查询、更正、封锁、删除、可携、被遗忘等方面。

此外，对于征信机构进行的个人信息的收集处理等行为，草案还做出了额外的规定，包括：征信机构收集个人信息必须获得主管部门批准，进行业务资格登记并得到执照之后才能进行；征信机构不得随意超出特定的目的进行个人信息的收集、处理等行为。

但是，目前中国在数据保护方面的法律监管体系较发达国家还存在很大差距。其主要的难点在于难以对隐私保护有一个明晰的界定，诸如上海、深圳、中国人民银行均颁布的《个人信用信息征信管理的相关试行办法》，以及未通过人大审核的《个人信息保护法》等专门的法律法规中都存在这样的问题。中国征信行业主要是在由中国人民银行等政府机构主导，数据保护的紧缺性以及必要性不是很强，导致前期对于数据保护法律制定不够细致和深入。随着征信行业不断市场化的演进，中国关于数据保护的监管和法律势必会向更严格和全面的方向发展。

(二) 企业实践

1. 芝麻信用

芝麻信用基于大量的消费数据进行风险识别，在数据源、用户授权、敏感数据和安全设施支持方面对消费者隐私保护做出了大量的努力，具体地：

（1）数据源：在隐私数据的调用方面，芝麻信用保持数据的独立性，选择直接从类似政府机构、合作伙伴、电商平台等处调用，而非直接存储于自身服务器中。通过这一办法，芝麻信用保证隐私数据并不能直接从其中调出，也因此减少了数据被盗而造成用户损失的风险。

（2）用户授权：第一，只有用户授权后芝麻信用才会调查和收集用户的数据，并且由系统自动进行收集，避免人工参与。第二，只有用户授权，第三方机构才可以调用芝麻分等信用数据，保证只有在用户知晓且许可的情况下，这些数据才会被使用。

（3）避免敏感数据：芝麻信用在设置运算规则时，会避免触碰种族、血型、宗教信仰等敏感数据。

（4）安全设施支持：芝麻信用设有级别很高的防火墙，限制运营规则只有团队核心成员知道。同时，核心成员的知晓范围也仅限于运营规则，而不会接触用户信息。

2. 前海征信

前海征信沿用银行级别的高标准要求进行管理，建立多层信息系统，用户个人信息是最为隐秘的一层。前海征信由平安集团支持，在建立伊始就对数据隐私保护非常看重。前海征信将系统建设为多层，其中个人信息被保存在系统的最底一层，只有极少数的相关人员经过批准后按照特定流程才能接触到这些信息，同时在接触资料时这些人员还要接受全面监控（堡垒机、双人监控等）。

3. 腾讯征信

腾讯征信在进行个人信息的采集查询时，需要提前获得信息主体的授权并明确信息主体了解其数据使用的用途和范围。同时，由于腾讯征信拥有海量的社交数据，这些数据往往比较私密，所以腾讯征信在使用数据的时候也划定了界限。对于涉及用户聊天记录、交易明细的隐私内容腾讯征信将不会触碰。这样从源头上保护了消费者的数据隐私。[1]

◇◇ 五 发展建议

（一）建立完善的法律体系

结合中国征信市场特色，建立完善的征信法律体系，使相关活动做到有法可依。从国际经验来看，美国和欧盟都建立了完善的法律体系来保护消费者的个人隐私，而中国现行的法律规定还极为不

---

[1] 文静：《腾讯征信总经理吴丹：充分挖掘海量数据》（http://www.chinafund.cn/article/201581/201581_299737.html）。

足,诸多细节有待进一步落实。因此,立法者需要全面深入的了解中国征信市场,借鉴国外的先进经验,制定一部相对可行的法律,让市场征信活动和对其的监管活动有法可依,从而可以规范个人征信市场。此后,可针对这部法律进行补充和修改,以期建设出有中国特色的数据保护法律体系,达到甚至超过欧美国家数据保护法律的水平。

(二)建立统一的监管机构

整合金融领域消费者信息进行统一管理是对征信行业形成有效监管的重要路径。目前,中国政府对于数据管理呈现碎片化的局面,各部门的数据资源都处于内部闭合状态。特别在金融领域,"一行三会"的监管结构使得各自的金融数据无法有效沟通,各自为政的模式限制了数据利用的效率,也无法对各类征信企业进行有效统一的监管。因此,建议"一行三会"内部的金融领域消费者个人信息数据保护部门进行整合,从而建立一个统一的消费者个人数据保护监管机构。这个机构应该对各类型的数据(金融数据、互联网交易数据、社交数据等)有充分的了解,从而对于不同类型的征信企业实施有效监管。

(三)提升数据信息主体对个人信息数据保护的意识

加强消费者隐私保护教育,提升信息主体的自我保护意识是信息保护体系建设的重要环节。目前，很多信息主体对于各类数据请求的敏感性不足，并没有认识到个人数据保护的重要性以及数据泄露的巨大潜在危害。这使得很多企业可以轻易通过"一键同意"等方式获取信息主体的大部分个人数据。因此，信息保护体系建设中非常重要的一个环节便在于通过各类数据保护教育，提升信息主体的数据保护意识，提高对于相关危害行为的防范性。

综上所述，市场竞争已经让中国的征信企业开始向欧美国家的法律要求靠拢，但关于征信数据保护的法律法规仍存在不足。市场的发展需要法律的支撑，否则中国的个人数据安全将面临极大隐患。因此，中国需要尽快制定相关法律，一方面保护用户隐私安全，另一方面明确征信公司的义务及权利。

第七章

中国个人征信体系建设的展望与建议

◇◇ 一 中国个人征信体系未来发展趋势和展望

信用已成为互联网金融时代生活的重要指标,随着未来持牌征信机构数量的增加,个人征信市场将迎来空前盛况。总体来看,中国个人征信体系未来将逐渐形成多层次的征信体系,"互联网+征信"使中国征信业有望实现弯道超车,个人征信体系与互联网金融场景的结合将实现征信场景应用的革新。当然,在发展过程中仍不可避免地存在潜在风险。

(一)多层次征信体系逐渐形成

目前,中国已逐渐建立起以公共征信为主导,结构基本齐备的多层次征信体系,最终将形成"1+K+N"的竞争格局。第一层是以中国人民银行征信中心及其下属的全资子公司为代表，拥有包含大量基础信息的公共信用数据库和若干个专业信用数据库，向社会提供征信公共产品；第二层是以少数几家互联网金融平台级的民营征信为代表，作为数据和征信服务的汇集和交换平台，向社会提供"基础信用信息＋互联网金融信息"的多元化征信评分和信用报告；第三层是以专注于垂直细分领域的小型征信公司为主，对信用信息进行搜集、调查、加工，向社会提供个性化的征信补充产品。

1. 中国人民银行征信中心提供征信公共品服务，坚持非营利性和普惠性

尽管中国人民银行倡导个人征信市场化，越来越多的征信机构争相盼望进入个人征信市场，但中国征信市场应当保持以公办征信机构为中心，市场机构为辅助的市场结构。

个人征信行业具有一定的公共性，其社会价值巨大。在未来，利用先进、完善的个人征信机制，能够改善社会的诚信文明状况，降低各种商业交易过程中的经营成本，从而发挥出更多难以通过市场运作发掘出来的、也难以用金钱来衡量的社会价值。

2. 专注个人金融信用信息和公共信用信息基础数据库

少数互联网公司拥有强大的客户数据和技术支持，将成为多层次征信体系的重要组成部分。由于征信需要大规模的数据搜集和处理体系，且规模效应明显，能够存活下来的少数大型征信平台型公司，其核心竞争力在于独家的优质数据来源和强大的数据使用技术。在中国，少数互联网公司拥有现成的客户基础和数据积累，实现广泛覆盖较为容易，因而最有竞争力。一些互联网公司已经在利

用自身资源，建立多维度的个人信用模型，推广个人信用评分。

并且，随着未来征信行业的竞争不断加剧，民营征信机构之间的兼并重组将不可避免。结合中国公私兼并的行业架构设想，未来征信行业很可能形成国家与市场化巨头并存的格局。民营企业参与征信并实现差异化竞争。如首批八家民营征信机构，每家都推出了自己的通用信用分，并为其征信产品设计了颇具特色的名字。针对反欺诈、催收等服务，民营机构分别自主研发了不同特色的生物识别技术，并构建了自己的黑名单，各家机构的数据来源也各有侧重。总之，随着个人征信牌照的下发，民营企业在征信业各个方面的竞争都在差异化，它们充分发挥各自的竞争优势，并在竞争中不断创新。

3. 制定其他征信平台公平接入和数据共享的规则

个人征信牌照的正式颁发，将打破中国人民银行征信中心一家独大的格局，民营征信企业将逐渐成为现有中国人民银行征信体系的强力补充。但一直以来，因缺少一个标准化的信息共享系统，导致金融行业的信贷风险一直居高不下，"信用孤岛"现象成为一直困扰网贷行业发展的瓶颈。

通过数据共享，整合各个平台分散数据，构建数据的共享机制，将有效避免骗贷、多头借贷等问题的发生。因此，一些在细分市场领域具备数据优势的小型数据公司，将成为良好的收购标的，会逐渐发展成大型征信公司的数据提供商。未来将针对这类小型数据公司制定征信平台公平接入和数据共享的规则，为现代化征信提供多样化的数据服务，以满足市场对征信产品多元化的需求。

(二)"互联网+征信"助力中国征信业发展,有望弯道超车

1. "互联网+征信"成为中国社会信用体系的重要组成部分

在"互联网+征信"的背景下,互联网企业和金融机构将成为新型征信机构,征信数据将更全面、覆盖人群将更广泛、应用场景将更多样、评级技术将更精准,同时将对传统金融机构产生正面影响。2015年7月4日,国务院印发的《关于积极推进"互联网+"行动的指导意见》中鼓励推动互联网由消费领域向生产领域拓展,加速提升产业发展水平。在这一背景下,"互联网+征信"市场展现出前所未有的发展动力与潜能。

在机构背景方面,未来互联网企业和金融机构将进军征信业,一些成熟的第三方网络借贷平台也将转型,成为行业征信主体,建立起新型的征信机构。

在数据资料方面,互联网征信数据将有助于完成用户画像,从而更准确地分析其违约风险。互联网征信主要获取的是信息主体的线上行为数据,包括社交数据、在线交易数据,以及其他网络服务产生的数据等。而这些互联网上的细节和行为轨迹,可以用来辅助推断用户的性格特点和经济状况,进而分析其违约风险。

在覆盖人群方面,"渠道+技术"的模式将覆盖到以往没有信用记录的人群,拓宽征信覆盖人群。由于当前互联网的普及,为征信带来了便利的信息获取渠道,再加上数字技术提供了快速、广泛、低成本采集数据的方法,"渠道+技术"的模式使低成本征信

得以实现,进而覆盖到以往没有信用记录的人群。

在应用场景方面,互联网征信将完成多样化的场景应用,完善信用评级。互联网征信的数据来源、变量类型和模型思路都有别于传统征信,其评价结果趋向于对个人性格特点的把握,因此除了借贷,也可以用于其他场景。新型征信在应用的生活化、日常化程度方面更高。比如,信用评分可以应用于租房、租车、预订酒店时的押金支付等各种常见的履约场景。

在评级技术方面,互联网征信通过更大更全面的数据测评,有助于提升征信的全面性和准确性。传统评级要求根据历史数据预测未来可能,而这存在着很大的不确定性。同时,传统评级刻画的维度比较单一,无法得到全面的评级结果。甚至在某些情况下,财务数据造假的可能性较大,并且缺乏其他数据的交叉验证,因此降低了传统评级的可靠性。而互联网征信所涵盖的数据范围更大、更全面,使用的技术手段顺应了大数据技术的最新发展趋势,不再仅仅局限于传统评级方法,有助于提升征信的全面性和准确性。

另外,互联网征信的引入对商业银行也有着正向的外部效应。商业银行可以利用互联网征信体系,作为客户信息的补充,从而提高授信、定价、贷后管理和欺诈防范的能力。通过这一途径,可以解决目前商业银行互联网金融业务创新困难的问题。

2. 反欺诈技术同步推进演化

信用信息的有效采集和诈骗信息的有效识别,是征信体系发展过程中必须兼顾的两个方面。为了保证中国信用社会建设更加完善,征信水平进一步提升,建立在信用之上的互联网金融行业更加健康生长，反欺诈技术必须同步跟进发展。目前中国征信行业由于技术不成熟，信息无法很好地交流，互联网企业尤其是小微企业依然饱受欺诈行为困扰，行业坏账率也一直居高不下。因此，必须重视信用信息的有效采集和诈骗信息的有效识别。

反欺诈技术的同步发展是降低征信发展过程中欺诈风险的关键。欺诈风险是当前中国P2P最大的风险，因为相较于信用风险，欺诈风险通常很难预测。从各类欺诈来看，风险主要来自身份欺诈，即欺诈者冒用他人身份来骗取贷款。这类欺诈具有专业化、团伙化、作案手法多变等特点。只有当黑名单库积累到一定数量级，使得诈骗所得无法抵销诈骗成本的时候，才能形成对欺诈行为强有力的约束。因此，未来征信业的发展，必定会伴随着反欺诈水平的不断同步推进演化，通过引进国外先进技术，以及自身核心技术的突破，来进一步降低金融运行过程中的欺诈风险。

（三）个人征信体系和互联网金融场景进一步结合

1. 将P2P网贷平台接入征信系统

P2P网贷平台接入中国人民银行征信中心的征信系统，共享金融信用信息是未来的趋势之一。《关于促进互联网金融健康发展的指导意见》中明确指出要推动信用基础设施建设，允许符合条件的机构依法接入金融信用信息基础数据库。因此从制度层面来说，网贷平台接入征信系统，也是新征信体系针对信息不对称问题采取的措施。另外，《征信业监管条例》明确规定，所有放贷机构（而不是放贷金融机构）都应该接入征信系统。因此，P2P平台机构接入中国人民银行征信中心的征信系统，共享金融信用信息基础数据库的信息是未来的趋势之一。

目前，已有部分网贷平台接入网络信息共享服务平台。截至2015年8月，已有644家机构接入上海资信有限公司开发的网络金融信息共享系统（NFCS），入库借款人数量达103万，贷款总额超过574亿元，累计查询请求达217万笔。截至2015年7月，北京安融惠众征信有限公司创建的"小额信贷行业信用信息共享服务平台"（MSP）会员机构累计达923家，其中P2P和小贷公司共占56.7%。累计收录有信贷记录的信息主体220.8万人，累计查询量346.0万次，累计平均查得率24.6%。

芝麻信用、腾讯征信、前海征信等也已经公布与多家P2P开展合作，并将P2P列为重要服务对象。未来随着政策的进一步明确，打通P2P平台与征信系统之间的联系在技术上将不再是问题。P2P平台未来可能会选择与多家征信机构同时合作，以检验信息的时效性，以便保证获取的信用数据质量，更好地控制风险。

2. 互联网消费金融推动征信发展

提供差异化服务的互联网消费金融将助力征信体系的发展。在互联网浪潮下，消费金融公司互联网化也是大势所趋。互联网消费金融产品与银行消费信贷最根本的区别，是个性化、差异化更强。互联网消费金融不仅仅是商业银行经营领域的延伸，其市场的拓展需要庞大的数据库资源作为支撑。互联网消费金融公司为了科学合理地对个人客户分类和对产品定价，从而对未来现金流做出预测，要求一个完善的个人征信体系作为支持。

2015年4月,芝麻信用与蚂蚁微贷旗下"花呗"以及招联金融旗下"好期贷"达成合作,通过芝麻分数来开放使用"花呗"和"好期贷"的权限。而"借呗"更是可以3秒钟完成放贷,不需要用户提交复杂的个人材料和财力证明。这是芝麻信用首次进入互联网消费金融场景,为金融消费产品提供底层的信用数据和风险控制服务。

未来随着互联网消费金融的进一步兴起和活跃,对于精准的个人信用评估的需求也会越来越强烈,由此可以形成一股强大的力量,推动着个人征信业务不断向高质量的方向发展。

3. 征信在准金融场景中广泛应用

未来征信产品的应用场景将不断丰富,实现应用功能的革新。传统征信产品主要运用于金融借贷领域,而未来随着个人征信业务的逐步市场化,征信产品的应用场景也将随之不断丰富扩展。除了P2P网络借贷和互联网消费金融等金融领域,新一代个人体系还有许多金融领域之外的应用场景,这也是其在功能上的一项巨大革新。

目前,首批八家民营征信机构根据不同需求,分别选取不同维度的数据,针对其实现征信应用的场景化和平台化。多家机构已经公开推出个人信用评分,且基本是"一分多用"。以芝麻信用为例,目前开通用户有五千多万,有几十万人享受生活场景应用的服务,例如:

医疗服务场景:征信机构和医院合作,建立医疗服务征信网络。将原先的挂号、检测、拿药等流程中需要患者反复跑动，多次排队付款的情况，变成接受所有诊疗服务之后再一次性结账。从而通过信用方式节省医患双方的时间和资源，缓解医院就诊难的问题。

招聘就业场景：征信机构和用人单位合作，征集个人在就业过程中的守信或失信行为，做出信用评估，运用在招聘和就业领域，帮助招聘单位找到信用水平高的人才。

租房租车场景：征信机构和租车公司、房屋租赁中介公司，以及有意向出租房屋的业主合作，采集车房承租人的信用信息，做出信用评估，以此来降低租赁公司或出租个人所面临的风险。

订餐订座场景：征信机构和饭店合作，负责记录订餐订座的失信行为，为餐馆饭店行业提供个人信用评估，作为针对不同主体提供不同服务标准的决策参考，同时促使预订个人为自己的行为负责。

相亲交友场景：征信机构和相亲交友平台合作，采集个人提交的相亲交友过程中发生的信用行为信息，做出个人信用评估，提供给平台或个人参考，以此来提高该参与者的信用水平。

图书馆场景：征信机构和各大图书馆合作，通过采集个人行为数据和信用有关的信息，为信用良好者提供免押金借书服务，并为失信者建立统一的数据库，提高该领域人群的自觉守信程度与失信成本。

从总体上看，相对于中国人民银行征信体系，民营征信更专注于细分领域的发展，能够提供更加丰富的场景化的征信服务，这也是未来中国个人征信的重要发展趋势。

(四) 民营征信和互联网征信存在的潜在问题和风险

1. 大数据征信信息的准确性和价值有待验证

第一,数据采集带有倾向性。我们对海量数据进行分析时,很容易加入一个概念的偷换,即首先假设分析的大数据都是有价值的,然后才进行数据分析。在这种先入思维的引导下,对原始数据的采集就会带有一定的倾向性。原本次要的因果关系,其重要程度会因此得到提升,进而造成分析结果的偏差。

第二,相关性本身存在陷阱。理论上说,只要有足够多的样本和变量,就有可能找到某种解释下的相关性,它完全符合统计方法的严格要求。只要多次反复地进行研究,以及不同模型的尝试,一定会找到统计学意义上成立的相关性。这是大数据分析常见的错误——由相关性去论证因果关系。

第三,分析方法存在局限性。以谷歌流感趋势分析为例,在2013年年初,谷歌流感趋势被媒体大量批评,原因在于其数据总是大幅偏高于真实的流感数据。这是因为,在进行大数据分析时,难以剔除残差的"自相关性"以及季节性(因为换季时节容易感冒,即使没有生病也会进行相关检索)的影响。这种"大数据反作用于大数据"的因素,导致了分析结果出现系统性误差。

第四,弱相关联性数据准确性存疑。当前,大数据征信信息的采集范围已经延伸到了诸如社交数据、电商数据等没有金融属性、弱关联性的互联网数据中,以社交数据为例,中诚信征信、前海征信对于社交数据采取了相对保守的态度。中诚信的征信模型里社交资料占比低于5%,前海征信则可能弃之不用。腾讯征信等则利用个人在社交网站上的各种行为表现数据为用户打分,但这些信息往往比较模糊,并且难以判断详细原因。如果轻易纳入个人征信,可能会造成判断上的偏差。

第五,大数据难以避免个人主观性影响。对于个人信息的生产者来说,一旦得知社交等行为产生的数据将与个人利益关联,就会有较强的动力去修饰个人信息,寻找模型漏洞刷信用、刷星级,甚至造假数据,这会对大数据的真实性构成潜在的威胁。在互联网时代,对非结构化信息的采集与利用程度将大幅度提升,这些信息不以会计核算为基础,其真实性和可靠性需要进一步采取措施进行验证。

2. 征信标准不统一,信息孤岛仍然存在,缺乏合理的共享机制

征信标准不统一是中国征信体系建设中存在的突出问题之一,严重制约着征信活动的效率,具体体现在以下三个方面:

一是尚未建立起统一的国家级信用信息采集标准和征信执业规范。诸如信用信息采集种类、范围和程度,以及数据格式、信用报告格式规范等关键标准的缺乏,制约了互联网征信机构运用信息技术提高效率的幅度,也不利于打通各种信息壁垒。而征信服务标准、征信执业流程、信息报送标准和接口交换标准等缺乏,则会严重阻碍信用信息的交流共享,也限制了征信行业服务质量的提升。由于许多机构在收集数据时,未能统一定义数据口径,在系统内部

也没有打通数据交叉验证机制,导致数据质量问题凸显。

二是缺乏统一的信用评价制度。各行业机构和地方政府目前大多按照各自的标准,自行建设信用信息系统,信用评价办法也大多自成体系。不同系统之间由于信用评价方法不统一,因此缺乏统筹协调的基础。而信用评价核心指标和各指标权重的不同,也会导致不同的评估结果差异较大,可比性不强,因此增加了准确评价信息主体信用情况的难度。这给信用信息的跨行业、跨区域的共享造成较大障碍。

三是缺乏统一的信用评价结果的输出标准。这一标准的缺乏,使得信用信息产品的通用性较差,既给征信需求方带来了评估了解和做出决策的难度,也影响了市场征信机构的公信力和影响力。各家征信机构参考了不同种类和性质的数据进行信用评估,如果没有统一的表达方式,便无法体现大数据征信的优势,相反会增加信用评价领域的混乱程度,阻碍效率提升。①

3. 信息主体的权益保护机制有待健全

互联网征信体系在保护信息主体合法权益方面尚存在许多漏洞。传统的征信监管机制应用于互联网金融领域,会表现出很多不健全之处。哪些企业可通过互联网金融平台进行信用信息采集尚不明确,而监管主体的缺失将导致监管空白。对征信主体监管不足的最直接后果,是信息主体的合法权益受到威胁,如知情权、同意权、异议权、投诉权、被遗忘权等,且当权益出现侵害时难以得到公正维护。

---

① 杨洋:《2015 中国征信行业发展影响因素分析》(http://www.askci.com/news/finance/2015/04/11/163911g0dr.shtml)。

首先,信息主体对于信息采集的知情权、同意权最易受到侵害,其信息安全存在很多风险隐患。《征信业管理条例》规定,采集个人信息必须经信息主体本人同意。但在互联网模式下,许多互联网企业会自动记录数据在前,往往难以预期后续信息的用途,因此很难达到《征信业管理条例》的要求。而且互联网上信息流动性很强,难以监督每一个获得信息的主体是否均落实了信息采集告知制度。

其次,信息主体对于不良信息的知情权难以落实,异议权、投诉权、被遗忘权则更是无处可申。《征信业管理条例》规定:"信息提供者向征信机构提供个人不良信息,应当事先告知信息主体。"但在互联网金融实践中,征信信息往往涉及一条产业链上的多个信息主体,且相互之间存在复杂的信息流通关系,因此区分定位准确的信息主体并逐一告知的可操作性不强。[①]

最后,硬件技术的落后给信息主体的多项权益带来整体风险。中国征信业起步较晚,重要的信息安全技术目前大多依赖外包,因此存在数据被服务提供商非法获取的风险。同时,网络风险的扩散性和破坏性很大,通过互联网传输信息和提供相关服务,容易受到黑客和病毒的攻击,且个人隐私也容易受到数据被窃取、泄露和篡改的威胁。

4. 平台型公司的征信业务和其他业务可能存在利益冲突

部分平台型公司的征信评级与其整体利益紧密相连,将削弱其

---

① 黄玺:《互联网金融背景下我国征信业发展的思考》,《征信》2014 年第 5 期。

"民间报告"的准确性和公信力，阻碍"民间报告"的推广。"民间报告"要具有公信力，不仅需要做到数据来源权威准确，还要保证一定程度的独立性，即信用评价的结果不能受到其他利益因素直接或间接的影响。然而目前，不少公司除了积极开展新型征信业务之外，还同时保留包括金融服务在内的自身传统的业务。信用评价的结果将直接影响到公司其他业务的成绩，与公司整体利益紧密相连，这便在很大程度上削弱了"民间报告"的准确性和公信力。另外，目前很多企业既做基础数据，又出个人评级报告；通过数据共享的便利进行业务竞争。如此有可能产生篡改个人数据、人为美化评估结果或者不正当竞争的行为。这些都阻碍了"民间报告"的推广。

◇◇ 二 中国个人征信体系发展的政策建议

（一）加快推动征信业市场化进程，支持普惠金融发展

1. 民营牌照的发放

尽管目前个人征信牌照还未正式下发，但八家民营征信公司的准备业务都取得了实质性的进展。中国的企业征信市场起步较早，发展较为成熟，有多家地方性的征信企业互相竞争提供征信服务，而个人征信业的市场化进程才刚开始启动。2015年1月中国人民银行下发了《做好个人征信业务准备工作的通知》，通知八家民营征信企业作为开展个人征信业务试点，2015年12月下发《征信机构

监管指引》，提出更详细的监管细则。

这八家民营征信公司各有特点，可分成资源平台型、经验丰富型和企业联合型三类。第一类是平台型的公司，其中腾讯征信依托腾讯的社交网络平台、芝麻信用依托阿里巴巴的电子商务、网上购物和支付平台，前海征信则是平安集团旗下的金融服务平台。这三家征信公司作为平台型机构，有海量的社交和交易数据可以使用，而且自身均带有丰富的金融应用场景，这是积累信贷数据和建立征信体系的重要资源。第二类公司鹏元征信、中诚信征信和中智诚征信的母公司都具有长期从事信用评级和信用服务行业经验，在行业客户和征信评分技术方面具有先发优势。最后两家征信公司华道征信和拉卡拉信用，则由数家民营企业联合出资，也可以借助大股东的各种资源开展业务。这八家民营征信公司将发挥自身优势，提供差异性的征信产品和服务，与中国人民银行征信中心一起，构建有效的多元化的中国企业和个人征信体系。

2. 明确中国人民银行征信中心和民营征信机构的定位和关系

合作共建是互联网金融时代征信行业发展的大趋势。作为传统金融领域的巨头，商业银行应积极加入个人征信体系的建设，加强与民营征信机构的合作以实现互利共赢，促进个人征信支持下的相关产品与业务的创新。

在数据方面，中国人民银行征信系统可以在尊重和保护客户隐私的前提下，搭建与民营征信机构的合作平台，实现数据平台的无歧视接入，并注重对营利性业务的监管。积极探索数据互换方式，将客户基本信息、财务信息与民营征信机构提供的各类信息进行融合，建设客户征信信息画像。并探索信用模型和业务成果的反馈校验机制，稳步拓展普惠金融业务。在服务方面，中国人民银行征信体系与民营征信机构可以共同开发大数据技术的应用，研究如何从海量信息中更好地获取其数据价值，以支撑信贷业务的展开。同时，积极探索基于客户行为分析的智能化欺诈侦测系统和贷后追踪管理系统，并从数据分析、自动决策、数字签约、智能催收等各个互联网信贷流程入手，优化和丰富现有个人信贷产品及其业务模式。

（二）加强征信业的监管，完善社会信用体系

1. 完善各类征信法律法规

信用是现代市场经济的基石，而征信体系建设是社会信用体系的核心基础设施。中国征信业从无到有，规模逐步扩大，然而与之相配套的征信法律法规建设却存在一定滞后。因此，加快中国征信法制建设，研究出台专门的信用信息法律法规，规范征信市场秩序，是征信体系建设的重要内容。

第一，应继续完善综合类信用法律法规。出台信用促进和信用信息保护等方面的法律法规，从立法层面引导信用促进行为，并且规范征信业务。同时，由于互联网时代变化快的特点，应当不断对法律法规进行重新审视，以适应市场发展。

第二，应建立针对大数据的征信法律制度和业务规则体系。现有的征信法律体系都是基于传统数据环境制定的，与大数据环境下

征信业的制度需求在很多方面难以匹配。并且由于在征信业务开展过程中，大数据的收集使用特点，决定了信息收集可能具有涉及国家信息安全、企业商业秘密，和公民个人隐私等风险。明晰信用评级机构和征信机构内部控制制度要求，明确信用评级、信用评分的政策、程序、方法以及具体的评价标准。

第三，在完善事后"异议和投诉"机制的同时，还应建立信息主体及利害关系人事中自我纠错的管理机制。除了对征信机构事前征信信息的审核、筛选、采集、保存等方面的义务做出明确规定之外，还要对信息提供者、信息主体事中正常补充与更正信用信息、补充与更正救济方式和途径做出明确规定，从而全面构建起事前严格核准报送、事中自我纠错补充更正、事后异议投诉的完善纠错救济法律体系，减少与化解异议、投诉等纠纷。

第四，制定相关法律明确跨境数据流动的管理模式，并实施分级管理。及时完善因数据流动带来的产权纠纷和隐私防护等问题解决方案，确保数据流动风险最小化，同时最大限度地发挥数据利用价值。①

2. 分类监管，权利和责任对等

在注重征信市场发展的同时，也要加强行业监管。使用适应新时代征信特点的监管手段，建立由中国人民银行主导的跨部门合作的监管机制和多级监管体系。具体地：

第一，监管手段需要匹配新时代征信的特点。监管部门要保证

---

① 方增平、叶文辉：《互联网金融背景下发展新型征信机构的思考》，《征信》2015年第5期。

自身监管理念的与时俱进，把握新征信模式下行为标准和行为要素的特征。同时强化技术在监管中的应用，探索科技助力下全流程的监管方案。

第二，构建由中国人民银行主导的跨部门合作监管机制。《关于促进互联网金融健康发展的指导意见》中明确指出各部门应当相互合作，充分发挥金融监管协调部际联席会议制度的作用。各监管机构应该密切关注互联网金融业务的发展及潜在的风险，尤其要关注边界模糊的金融相关业务。要明确划分各部门监管职责，共同组建新型监管体系。

第三，构建多级监管体系。中国已经逐步形成一个多层次征信体系，考虑到不同层次具有不同的特性，监管方式也应该有所不同。对于中国人民银行征信中心这一层，由于收集数据总量庞大，且较为敏感。所以应采取最严格的监管标准，同时注重垄断之类的问题。对于"信联"这一层，由于有很多参与机构自己的数据来源，且内容广泛，往往涉及用户隐私。所以监管应以保护隐私为主，一方面明确该机构收集数据的范围与途径，另一方面赋予用户删除数据的权利；对于电商企业、P2P平台等涉及征信活动的机构应该统一纳入监管，同时鼓励细分行业内部成立行业联盟，承担部分监管职能。

3. 发挥行业协会作用，促进行业自律管理

《关于促进互联网金融健康发展的指导意见》中明确指出，应加强互联网金融行业自律，促进互联网金融健康发展。2016年3月25日，中国互联网金融协会（简称"互金协会"）在上海黄浦区召

开成立会议。互金协会主要功能在于通过自律管理和会员服务,引导行业规范健康发展,推动从业机构更好地服务社会经济发展。

(三) 统一数据标准、建立全面的信息共享机制

信息交流迅速畅通、线上线下对接完善的征信体系是互联网金融健康发展的基础。制定统一的征信制度和行业标准,可以减少数据之间交流的成本,进一步规范数据的使用和传播,而这方面中国没有相应的举措。因此需要加快推动征信标准化建设,从国家层面研究并制定全国统一的信用信息采集、分类、存储、接入、共享和交换的数据标准。

一方面,应鼓励相关部门和行业共同制定行业标准;另一方面,应保持对于新型征信技术的追踪,以作为标准调整的参考,提升标准的适用性和时效性。首先,制定行业标准可以支持拥有数据优势的互联网金融龙头企业,成为征信行业标杆企业,根据互联网征信的特征制定自身的信用信息标准。其次,管理部门在参考、借鉴这些企业标准的基础上,制定行业标准并在全社会推广,为依法实现跨部门、跨行业的信息交流与共享提供技术保障。最后,保持标准的时效性有利于规范征信业务并促进信息共享,满足社会各方使用征信产品和服务的需要。[①] 建议建立类似美国 – Metro2 的标准,规范报送数据的质量与类别,确保数据报送准确、完整和及时。

---

① 梁春亚:《互联网金融背景下征信体系建设的国际经验及启示》,《征信》2015 年第 2 期。

中国人民银行征信中心作为公共数据在征信行业的接口，在一定范围内公开政府数据，辅助民营征信机构提升其征信产品的准确性。各个行业和部门应当在保证信息安全的前提下，依法依规确定信息可公开和共享的范围。有关部门应积极研发稳定、可靠的征信信息共享平台。

（四）数据安全和信息主体权益保护

随着各类互联网平台的兴起，诸如数据非法贩卖、信息主体受到侵害等问题日益凸显。为此，应注重从制度与技术两个层面，加强对信息安全和信息内容的保护，维护信息主体的合法权益。

在制度方面，应建立高效的金融消费维权体系，明确信息主体、征信机构以及信息使用机构的权益和义务。在制度建设时首先体现主体参与原则，以确保信息主体拥有查询和质疑个人信用报告的权利。为防止信用信息的无限制征集和滥用，征信主管部门必须明确界定互联网金融征信的信息征集范围、使用主体范围、隐私信息范围、使用目的、操作流程和使用原则，确保信息依法使用。除此之外，还需要建立和完善信息保护的补偿机制，完善侵权追责制度。①

在技术方面，应当从信息存储、转移、使用、修改等流程进行信息保护，加强数字技术在各个环节的渗透力。积极推进实名身份

---

① 占硕：《个人征信制度研究——个人信用信息的征集、使用与信息主体权益的保护》，《征信》2011年第3期。

认证、数字证书、电子签名等网络安全认证技术服务的发展。基于互联网安全的层面考虑，也应加快网络安全技术、防火墙技术，以及木马防控技术的同步革新，严防黑客利用互联网技术进行信息攻击，非法窃取征信资料，进行违法犯罪活动。

（五）加快征信业的技术创新、人才培养和征信教育

中国的征信机构应积极研究开发更加专业、更深层次化的征信产品，培养高素质、专业化的征信人才，支持中国征信业的发展。

在征信产品方面，应基于不同层次采用不同的数据利用方式和不同的技术手段的策略，实现征信产品的创新。依照征信具体目标，可将征信产品分为宏观、中观和微观三个层次。在宏观层面，通过大数据分析中对系统性的风险信息进行预测；在中观层面，通过对包含大量时效性和政策含义很强的海量信息进行多维度组合分析、整理与挖掘，建立对应的行业指数来辅助监管；在微观层面，在信用主体同意的前提下提供定制化信用报告、信用评分、身份验证等多种数据服务。

在征信人才方面，与产品创新相适应，要加快培养大批高素质的信用管理专业人才。一方面要大力推行相关的证书制度，建立与完善职业教育培训体系，推广征信业职业资质认定。另一方面要积极推进征信管理专业的学历文凭制度，鼓励有条件的高校开设征信管理专业，为征信市场培育高素质人才。此外还应加大专业人才队伍的培养，建立前瞻性的信用分析模型，更好地预测市场和信息主

体的行为。①

同时，互联网产生的"大数据"具有量大、分散的特点，因此必须不断更新数据处理方法和技术，对数据进行及时有效的处理。个人征信系统可以作为个人积累信用信息、提升与监控信用记录的平台，应鼓励征信机构提供更丰富的产品和服务，例如其提供的服务还可以延伸到营销活动支持、反欺诈、就业市场服务、催收管理等领域。

征信体系具有一定的公共性和网络效应，其价值随着所覆盖的用户数而增加，因此加强企业与个人的征信教育十分重要。目前，中国普通居民和中小微企业的金融知识相对缺乏，信用意识还比较薄弱，对自身的征信记录关注度不够，因此有关部门应大力加强居民的征信教育，促进形成"诚信受益，失信惩戒"的社会环境，培养并提高社会整体信用意识。

---

① 袁新峰：《关于当前互联网金融征信发展的思考》，《征信》2014年第1期。

参考文献

[1] Djankov S, Mcliesh C, Shleifer A, "Private Credit in 129 Countries." *Journal of Financial Economics*, Vol. 84, No. 2, May 2007.

[2] Houston J, Lin P, Ma Y, "Creditor Rights, Information Sharing, and Bank Risk Taking", *Journal of Financial Economics*, Vol. 96, No. 3, June 2010.

[3] Huang Z, Lei Y, Shen S, "China's Personal Credit Reporting System in the Internet Finance Era: Challenges and Opportunities", *China Economic Journal*, Vol. 9, No. 3, August 2016.

[4] Jappelli T, Pagano M, "Information Sharing, Lending and Default: Cross-Country Evidence", *Journal of Banking and Finance*, Vol. 26, No. 10, October 2002.

[5] Love, I, Mylenko N, "Credit Reporting and Financing Constraints", *World Bank Policy Research Working Paper*, No. 3142, October 2003.

[6] 耿得科、张旭昆:《征信系统对银行不良贷款率的抑制作用——基于2004—2008年92个国家面板数据的分析》,《上海经济研究》2011年第7期,第35—44页。

［7］陈进：《拉卡拉："鹰眼"异军突起，互金风控迎来重头戏》（http：//finance.huanqiu.com/cjrd/2016-12/9828289.html）。

［8］方增平、叶文辉：《互联网金融背景下发展新型征信机构的思考》，《征信》2015年第5期。

［9］高改芳：《小牛在线联手益博睿全面实现信贷风险管理》（http：//www.xiaoniu88.com/cms/article/detail/365）。

［10］何平平、车云月：《大数据金融与征信》，清华大学出版社2017年版。

［11］何治乐、黄道丽：《欧盟〈一般数据保护条例〉的出台背景及影响》，《信息安全与通信保密》2014年第10期。

［12］黄玺：《互联网金融背景下我国征信业发展的思考》，《征信》2014年第5期。

［13］姜天怡、张舒伦：《美国金融监管改革法案对征信业的影响及对我国的启示》，《征信》2012年第2期。

［14］姜天怡：《〈德国联保数据保护法〉对我国个人征信权益保护的启示》，《黑龙江金融》2012年第12期。

［15］赖梦茵：《美国征信机构监管的法律制度》，《法律与新金融》2015年第2期。

［16］李佳佳：《百行征信揭开面纱 8家参股机构各有哪些必杀技》（http：//stock.hexun.com/2018-01-04/192160845.html）。

［17］李俊丽：《中国个人征信体系的构建与应用研究》，中国社会科学出版社2010年版。

［18］李明、贺阳广、王定芳：《借鉴国际经验：完善个人信用信息

保护机制》（http：//www.financialnews.com.cn/llqy/201508/t20150817_82238.html）。

[19] 李小晓：《ZestFinance：如何用互联网颠覆FICO》（http：//www.100ec.cn/detail--6195878.html）。

[20] 李小晓：《传统信用评分挑战者》，《新世纪周刊》2014年第34期。

[21] 李小晓：《中诚信如何做个人征信》（http：//finance.caixin.com/2015-06-30/100823807.html）。

[22] 李子白、汪先祥：《征信制度的国际比较与借鉴》，《海南金融》2006年第11期。

[23] 梁春亚：《互联网金融背景下征信体系建设的国际经验及启示》，《征信》2015年第2期。

[24] 林采宜、尹俊杰：《互联网金融时代的征信体系》，《新金融评论》2014年第6期。

[25] 林建肯：《全球信用报告体制之分析——针对美国、德国、日本、中国大陆之信用体制》，《金融联合征信杂志》2014年第6期。

[26] 刘新海、丁伟：《大数据征信应用与启示——以美国互联网金融公司Zestfinance为例》，《清华金融评论》2014年第10期。

[27] 刘新海：《美国互联网征信机构Credit Karma如何创新》（http：//blog.sina.com.cn/s/blog_1346f81d10102vcnv.html）。

[28] 刘新海：《挖掘年轻消费者潜力的大数据征信来源》（http：//opinion.caixin.com/2015-08-14/100839653.html）。

[29] 刘新海：《新上市全球个人征信机构 Trans Union 的商业模式》（http：//opinion.caixin.com/2015－07－06/100825754.html）。

[30] 刘新海：《征信市场放开了，怎么创新？看看 CreditKarma 的服务创新吧》（http：//www.zhengxinbao.com/780.html）。

[31] 刘新海：《征信与大数据》，中信出版社 2016 年版。

[32] 罗明雄、司晓、周世平：《互联网金融蓝皮书（2014）》，电子工业出版社 2015 年版。

[33] 倪海鹭：《P2P 网络借贷平台征信需求与管理研究》，《征信》2014 年第 5 期。

[34] 潘功胜：《建设发达的中国征信业市场》，《征信》2014 年第 11 期。

[35] 彭宇松：《大数据对现代征信体系的影响及启示》，《征信》2014 年第 11 期。

[36] 史青伟：《FICO：中国征信数据市场化程度有待提高》（http：//tech.sina.com.cn/i/2015－02－11/011510006659.shtml）。

[37] 史青伟：《外资征信机构强势入华反欺诈技术成"卖点"》（http：//finance.sina.com.cn/money/bank/dsfzf/20150420/013421992304.shtml）。

[38] 苏志伟、李小林：《世界主要国家和地区征信体系发展模式与实践：对中国征信体系建设的反思》，经济科学出版社 2014 年版。

[39] 孙陶然：《个人征信业务如何脱颖而出》（http：//tech.gmw.cn/2015－01－28/content_14667551.htm）。

[40] 孙永剑：《腾讯征信推出人脸识别等三大产品》（http：//tech. hexun. com/2015 – 08 – 13/178303571. html）。

[41] 唐明琴：《征信理论与实务》，中国金融出版社 2015 年版。

[42] 万存知：《征信业的探索与发展》，中国金融出版社 2018 年版。

[43] 王建华：《美国个人征信机构的发展运作及对我国的启示》，《汉江论坛》2006 年第 7 期。

[44] 王晓璇：《费埃哲反欺诈管理平台经济高效，适用任何企业》（http：//www. sohu. com/a/281079_ 102754）。

[45] 魏春元：《个人信用体系的比较与研究》，硕士学位论文，对外经济贸易大学，2003 年。

[46] 文静：《腾讯征信总经理吴丹：充分挖掘海量数据》（http：//www. chinafund. cn/article/201581/201581_ 299737. html）。

[47] 萧韵：《SiftScience——用大数据防范网络欺诈》（https：//www. ctocio. com/ccnews/11859. html）。

[48] 谢平、邹传伟：《互联网金融模式研究》，《金融研究》2012 年第 12 期。

[49] 谢平、邹传伟：《网络借贷与征信》，中国金融出版社 2017 年版。

[50] 徐影：《中诚信征信正式推出大数据风控云系列潜在风险将无处遁形》（https：//news. jrzj. com/191933. html）。

[51] 扬扬：《拍拍贷、好车贷不同风控核心降低逾期坏账》（https：//www. admin5. com/article/20141215/576249. shtml）。

[52] 阳嘉嘉、寻赟：《计算机行业深度研究：千亿征信蓝海扬帆起航，牌照与数据商先受益》（https：//xueqiu.com/8107212038/31827661）。

[53] 杨渊：《从美国数据服务商看互联网征信业发展和监管》（http://www.allwincredit.com.cn/webPage/queryDetailPage.shtml?id=11221）。

[54] 易朝华：《CQ银行个人资信评估研究》，硕士学位论文，西南财经大学，2010年。

[55] 袁新峰：《关于当前互联网金融征信发展的思考》，《征信》2014年第1期。

[56] 翟相娟：《国外征信立法对消费者隐私权保护制度评析》，《理论界》2008年第4期。

[57] 占硕：《个人征信制度研究——个人信用信息的征集、使用与信息主体权益的保护》，《征信》2011年第3期。

[58] 张世卿：《中国企业征信业的发展历史、现状和趋势》，《财经界》2005年第10期。

[59] 张宇哲：《美国征信巨头如何拓展非传统征信领域》（http://finance.caixin.com/2015-10-30/100868183.html）。

[60] 赵燕、牟啸天：《个人征信机构数据采集标准研究——看美国征信机构如何报送数据》，《标准科学》2015年第4期。

[61] 中国人民银行金融稳定分析小组：《中国金融稳定报告》，中国人民银行，2014年。

[62] 中国人民银行征信管理局：《现代征信学》，中国金融出版社

2015年版。

[63] 中国消费者协会联合360互联网安全中心:《网民个人信息保护状况调查》,中国消费者协会,2015年。

[64] 周登宪、王志华、乔丽华:《国际个人数据信息保护概览》,《征信》2014年第6期。

[65] 周健:《美国〈隐私权法〉与公民个人信息保护》,《情报科学》2001年第19期。

[66] 杨洋:《2015中国征信行业发展影响因素分析》(http://www.askci.com/news/finance/2015/04/11/163911g0dr.shtml)。

[67] 艾瑞咨询:《2017年中国互联网消费金融行业报告》(http://www.sohu.com/a/221233500_445326)。

[68] 希财资讯:《FICO评分体系是什么》(http://www.csai.cn/if/857522.html)。

[69] Eva_z:《FICO信用评分模型简介(五点基本要素)》(https://blog.csdn.net/prettyEva/article/details/66475710)。

[70] 樊伟:《大数据挖掘前景不言而喻》(http://www.ciotimes.com/bigdata/66397.html)。

[71] 王竞苧:《大数据信用评估》(http://chuansong.me/n/2124837)。

[72] 大数据文摘:《大数据征信:坐在大数据金山上的Equifax》(http://rhd361.com/special/news?id=e4445844a1f14d9daa38d4595145f20d)。

[73] 王晓易:《大数据征信系列报道(1):华道征信如何运作?》(ht-

tp：//tech. 163. com/15/0601/08/AR0R93DD000915BF. html）。

[74] 中国互联网信息中心：《第 40 次中国互联网络发展状况统计报告》（http：//www. cac. gov. cn/2017 - 08/04/c_ 1121427728. htm）。

[75] 邓俊豪：《互联网金融背景下的金融机构如何使用大数据?》（http：//www. 360doc. com/content/15/0226/00/5315 _ 450839997. shtml）。

[76] 高国华：《解构芝麻信用：互联网 + 大数据模式下的征信》（http：//www. financialnews. com. cn/if/201508/t20150817_ 82271. html）。

[77] Little_ Rookie：《美国 FICO 评分系统简介》（http：//www. cnblogs. com/nxld/default. html? page =3）。

[78] 赵成：《美国个人征信行业发展研究报告》（http：//pg. jrj. com. cn/acc/Res/CN_ RES/INDUS/2014/6/22/6ec31da1 - 55b3 - 4c08 - af6d - be0907dae653. pdf）。

[79] 陈近梅：《美国个人征信巨头 TransUnion：高盛控股、10 亿人数据》（http：//www. cbdio. com/BigData/2016 - 07/21/content_ 5111315. htm）。

[80] 韩祎：《前海征信邱寒：服务金融场景，数据更重稳定性》（http：//finance. caixin. com/2016 - 11 -02/101003105. html）。

[81] 孙志伟：《不同征信模式的比较与分析》，《中国流通经济》2013 年第 3 期。

[82] 孙立欣：《探秘征信巨头 FICO：信用评分业务只占 25% 四成

业务来自海外》（http：//iof. hexun. com/2016 - 08 - 05/18534 6361. html）。

［83］融360：《腾讯信用评分星级怎么算的?》（https：//www. rong360. com/gl/2015/07/28/74687. html）。

［84］邓莉苹：《腾讯征信：用大数据为个人用户打分》（http：// bank. hexun. com/2015 - 01 - 14/172349769. html）。

［85］中华网财经：《腾讯征信与广发信用卡开展合作开创互联网金融新局面》（http：//www. techweb. com. cn/news/2015 - 07 - 22/2179126. shtml）。

［86］中国人民银行征信中心：《王晓明书记在2015年全国性银行征信系统建设应用工作座谈会上的讲话》（http：//www. pbc-crc. org. cn/zxzx/zxdt/201507/e4115c3f744941cda3d319a6c375ffa 2. shtml）。

［87］腾讯研究院：《新形势下，互联网金融发展与监管问题研究》（http：//vip. stock. finance. sina. com. cn/q/go. php/vReport _ Show/kind/lastest/rptid/3379044/index. phtml）。

［88］张雨忻：《央行开启个人征信大门，阿里、腾讯或坐上首批八席》（http：//36kr. com/p/218422. html）。

［89］刘雪峰：《征信行业深度报告（上）——征信商业模式、数据来源和产品分类》（https：//wx. jdcloud. com/zixun/article - 119973. html）。

［90］刘雪峰：《征信市场化开启蓝海，全面布局公司有望脱颖而出》（http：//www. sohu. com/a/79564360_ 221908）。

[91] 中国人民银行征信中心:《征信系统建设运行报告(2004—2014)》(http://www.pbccrc.org.cn/zxzx/zxzs/201508/f4e2403544c942cf99d3c71d3b559236.shtml)。

[92] 方正证券:《中国征信行业深度报告》,2015年。

[93] 刘晓朋:《中智诚征信首揭"面纱"发布反欺诈云平台》(http://www.xinhuanet.com/fortune/2015-06/10/c_1115576766.htm)。

[94] 陈玮:《Credit Karma 增加由 Equifax 出具的信用评分》(http://tech.163.com/14/1231/13/AEQ1UVBE00094ODU.html)。

[95] Kearney, Brendan: "Equifax Buys Local eThority: Company to Stay, Grow in Charleston, Founder Says" (https://www.postandcourier.com/news/2011/oct/04/equifax-buys-local-ethority/).

[96] Experianplc.com: "Experian History" (http://www.experianplc.com/about-experian/history.aspx).

[97] Mickey Alam Khan: "Experian Buys CheetahMail" (http://www.dmnews.com/digital-marketing/experian-buys-cheetahmail-aims-to-boost-dm-services/article/83524/).

[98] Jules Grant: "Experian Buys Address Software Firm QAS for £106m" (https://www.campaignlive.co.uk/article/experian-buys-address-software-firm-qas-106m/223953?src_site=brandrepublic).

[99] FootFall: "Acquisition Press Release" (http://www.experiangroup.com/corporate/news/releases/2006/2006-01-06/).

[100] Hitwise: "Acquisition Press Release" (http://www.experiangroup.

com/corporate/news/releases/2007/2007 - 04 - 17b/).

[101] Yahoo: "Experian Acquires Medical Software Firm for ＄185M" (http://news.yahoo.com/experian-acquires-medical-software-firm-185m - 144127163.html).

[102] Ad exchanger: "41st Parameter for ＄324M, Gets AdTruth in the Bargain" (http://www.adexchanger.com/data-exchanges/experian-buys-device-id-firm-41st-parameter-for-324m-gets-adtruth-in-the-bargain/).

[103] Mr Web: "Experian Buys Garlik" (http://www.mrweb.com/drno/news14766.htm).

[104] TransUnion.com: "TransUnion Company History" (http://www.transunion.com/corporate/about-transunion/who-we-are/company-history.page).

[105] Austin Business Journal: "TransUnion Acquires Austin's eScan Data Systems-Austin Business Journal" (http://www.bizjournals.com/austin/news/2013/09/24/transunion-acquires-austins-escan.html).

[106] TransUnion: "TransUnion Completes Acquisition of TLO" (http://www.marketwired.com/press-release/transunion-completes-acquisition-of-tlo-1862768.htm).

[107] Ben Best: "North American Credit Scoring & Reporting" (http://www.benbest.com/business/credit.html).